Ole Hallesby

Unsere Kraft wächst aus der Stille

Lektionen eines Lebens mit Jesus

R. Brockhaus Verlag Wuppertal

R. Brockhaus Taschenbuch Bd. 361

Deutsche Ausgabe nach der amerikanischen Übersetzung
»Under His Wings«, erschienen bei Augsburg Publishing House,
Minneapolis, Minnesota, USA

Deutsch von Irmgard Nusch

2. Taschenbuchauflage 1987

Umschlaggestaltung: Carsten Buschke, Leichlingen 2
Umschlagfoto: Ulrich Schaffer, Kanada
Gesamtherstellung: Breklumer Druckerei Manfred Siegel

ISBN 3-417-20361-9

Inhalt

Sei stille dem Herrn

Sei stille dem Herrn und warte auf ihn! Psalm 37,7

So schrieb der Sänger vor vielen tausend Jahren. Und die Ermahnung gilt heute nicht weniger. Vor dem Herrn stille zu sein, ist die größte und schwierigste Glaubenstat, denn es gibt so vieles, was diese heilige Stille stören will.

Auch wir Christen sind tief betroffen von dem Lärm unserer Zeit. Man ist versucht zu fragen, ob es in den vergangenen neunzehn Jahrhunderten je eine so lärmende und turbulente Generation von Christen gegeben hat wie die unsrige.

Es gab eine Zeit, da nannte man die Christen die »Stillen im Lande« – aber das ist lange her. In den skandinavischen Ländern wurden die Gotteskinder einst »die Leser« genannt, aber ich bin nicht sicher, ob die Christen den Namen noch mit Recht tragen.

Eine Generation, die fieberhaft mit äußeren Dingen beschäftigt ist, wird nun ermahnt: »Sei stille dem Herrn!« Gibt es eine Botschaft, die wir nötiger brauchten?

Er, der in ewiger Ruhe thront, beobachtet unsere Hektik, und er möchte uns etwas von der ewigen Freude und Kraft mitteilen, die durch Stillesein kommt. Darum flüstert er freundlich allen rastlosen, erschöpften, oberflächlichen und geistlich ausgelaugten Christen zu: »Halt ein! Sei doch endlich einmal still!«

Der Herr war nicht im Wind und nicht im Erdbeben und auch nicht im Feuer, sondern er war im stillen, sanften Säuseln (1Kö 19,11-12). Und seine Stimme kann nur vernommen werden, wenn man sich in die Stille führen läßt.

Such die Stille!

Such dein »stilles Kämmerlein« auf! Zieh dich *öfter* als bisher dahin zurück!

Und *bleib* in deiner stillen Kammer, bis du stille wirst vor dem Herrn. Wenn die Unrast der Welt und die Unruhe der Seele dir dorthin folgen, dann laß dich vom Herrn prüfen und dir zeigen, was in deinem Verhältnis zu ihm nicht stimmt.

Denn folgendes sollten wir uns sorgfältig merken: Wenn wir nicht vor dem Herrn stille werden können, stimmt irgend etwas mit uns nicht. Dann gibt es irgendeine Sünde, die wir nicht ins

Licht Gottes gerückt haben möchten. Oder wir sträuben uns in irgendeinem Bereich gegen Gottes Handeln.

Such die Stille, während du arbeitest!

Sie ist da für dich. Auch in der lautesten Umgebung und bei der anstrengendsten Arbeit kannst du in der Stille der ewigen Welt, vor dem Angesicht des Herrn leben.

Such die Stille, während du ruhst. Dann nämlich wirst du recht ausruhen und Kraft für Körper, Seele und Geist erlangen.

Der größte Segen, den die Stille bringt, ist der, daß wir die Ewigkeit hören können. Wir können die Stimme des Ewigen vernehmen, die uns ins Gewissen redet. Dann steht die *Sünde* riesenhaft vor unseren Augen auf und drückt uns nieder. Welche Gnade ist es, Sünde so zu erkennen! Wie treibt und zieht es unsere Seelen zum großen Arzt!

In der Stille hören wir die Botschaft des Ewigen an Sünder; die Botschaft von seinem Sohn, dem Stellvertreter, vom Kreuz und vom Blut. Wir vernehmen *Gott,* der Worte der Gnade und des Erbarmens an unsere zitternden Seelen richtet. Und wer diese Stimme einmal gehört hat, der vergißt sie nie wieder. Ein stilles Wort von ihm genügt, um unseren Seelen Frieden und Gewißheit zu schenken und uns mutig und stark zu machen.

Sei stille dem Herrn, wenn Feindschaft und Leiden dich ängstigen; wenn Ungeduld, Eigenwille und Leidensscheu in dir aufsteigen. Gerade dann such die Stille vor dem Angesicht Gottes.

Such sie oft. Bleib lange in der Einsamkeit mit Gott, das wird deine Seele zur Ruhe bringen.

Dann wirst du wunderbare Dinge vom Herrn hören. Wenn er zu dir vom Leiden spricht, wird er so reden, daß du es niemals mehr vergessen wirst. Von Stund an wirst du das Leid in einem anderen Lichte sehen.

Wer in der Stille vor dem Herrn Gehorsam lernt durch Leiden, der hat den größten Sieg gewonnen, den ein Mensch auf Erden erringen kann. Sogar von unserem Heiland wird gesagt, daß er durch den Gehorsam, den er auf diese Weise lernte, vollkommen gemacht wurde.

Sei stille dem Herrn, wenn die Freude des Erfolges dir zuteil wird!

Such die Stille und gewinne Gelassenheit der Seele, damit du das Lob, die Ehre, das Ansehen, das Vertrauen, den Einfluß und die Macht tragen kannst, welche der Erfolg dir bringt.

Es ist das tägliche Gebet meines Herzens, daß die jüngere Christen-Generation weniger äußeren Dingen zugewandt, weniger laut und schreiend sein möge als wir, die Älteren.

Daß doch die jungen Leute erkennten, daß es heute nicht so sehr darum geht, noch mehr christliche Aktivitäten zu entwickeln, noch mehr und noch schneller für Gott zu arbeiten! Nein, es kommt darauf an, das christliche Leben von *innen heraus* zu stärken und zu entfalten; ein realeres und gehaltvolleres Christentum herbeizubeten und darum zu kämpfen; ein Christentum, das den Proben des täglichen Lebens besser standhält!

Unter dem Segen Gottes

Sage Aaron und seinen Söhnen und sprich: So sollt ihr sagen zu den Kindern Israel, wenn ihr sie segnet: Der Herr segne dich und behüte dich; der Herr lasse sein Angesicht leuchten über dir und sei dir gnädig; der Herr hebe sein Angesicht über dich und gebe dir Frieden. Denn ihr sollt meinen Namen auf die Kinder Israel legen, daß ich sie segne. 4. Mose 6,23–27

Diese Verse vermitteln einen Schimmer von dem Vorrecht derer, die zum auserwählten Volk Gottes gehörten. Hier gibt der Herr Anweisung, wie sein göttlicher Segen diesem schwachen, kleinen Volk vermittelt werden sollte. Wenn das Volk versammelt war, sollte Aaron oder einer seiner Nachkommen – der jeweilige Hohepriester – seine Hände ausstrecken und die oben zitierten Worte sprechen.

Und der Herr versprach, hinter diesen Worten zu stehen, »daß ich sie segne«.

Wenn Gott selbst segnen will, können weder Menschen noch der Teufel den Segen hindern. Er wird ganz gewiß den erreichen, dem er gilt.

Im Alten Testament, besonders in den Psalmen, finden wir viele ergreifende Ausdrücke dafür, wie geborgen, wie glücklich und wie dankbar sich der fromme Israelit fühlte, weil er zu diesem Volk gehörte und aus diesem Grund sein ganzes Leben unter dem Segen Gottes verbringen konnte. Voll Jubel und Dank brach er in Loblieder aus, eines noch schöner als das andere.

Gottes Segen gilt Sündern

Damals hatte nur ein Volk in dieser Weise am Segen teil.

Aber durch dieses eine Volk wurde der Segen, als die Zeit erfüllt war, allen Völkern zugänglich gemacht.

Die Zeit ist erfüllt! Die Schranken zwischen den Völkern sind niedergerissen. Christus hat die Scheidewand abgebrochen. Nun erwählt er sich selbst ein Volk, das Volk des neuen Bundes, aus allen Völkern, Stämmen und Nationen.

Wenn das alte Volk Gottes unter seinem Segen glücklich war, dann ist das neue Israel noch viel reicher und glücklicher. Der

Segen, den Gott in vergangenen Zeiten über sein Volk ausgoß, war nur ein Vorgeschmack, eine Anzahlung auf den Segen, den er so überschwenglich dem Israel des Neuen Bundes zuteil werden läßt.

Vor allem haben wir einen Hohenpriester, der noch viel herrlicher ist als der alte Hohepriester. Mit seinem eigenen Blut hat er ein für allemal die Sünden seines Volkes vollkommen gesühnt und uns alle himmlischen Segnungen erworben. Aus seinem himmlischen Heiligtum erhebt er Tag und Nacht seine durchbohrten Hände über sein Volk. Von diesen Händen fließt der herrlichste Segen auf unwürdige Sünder: das Blut Jesu Christi, des Sohnes Gottes, welches von aller Sünde reinwäscht.

Welche Freude ist es, zu diesem auserwählten Volk zu gehören, das sich unter diesen segnenden Händen mit Leib und Seele, mit allen Freuden und allen Sorgen bergen darf.

Selig, wer es gelernt hat, *unter* dem Segen Gottes zu leben! Selig, wer es gelernt hat, *vom* Segen Gottes zu leben!

Den meisten Menschen erscheinen solche Worte als fromme Phrasen, die sie so oft gehört haben, daß sie sie nicht mehr hören mögen.

Für andere hingegen gibt es auf Erden nichts Wirklicheres und Wichtigeres, ja Notwendigeres, als täglich unter dem Segen Gottes zu leben.

Wenn einem Menschen einmal die Augen aufgegangen sind für seine Sünden und ihm bewußt geworden ist, daß er sie in alle Ewigkeit nicht ungeschehen machen kann, dann weiß er nicht, wohin er fliehen soll. Seine Sünde verfolgt ihn, hetzt ihn, schindet ihn.

Dann erkennt er, daß er die durchgrabenen Hände und das versöhnende Blut nötig hat. In seiner Hilflosigkeit sucht er Zuflucht bei der kleinen Herde, die nicht ohne die Gnade Gottes leben kann. Sollte auch er sich unter die durchgrabenen Hände bergen dürfen? Es erscheint ihm fast wie ein Verbrechen, sich in ihren Schutz zu begeben.

Je näher er kommt, um so klarer sieht er nämlich seine Sünden. Die Sünden der Vergangenheit sind schon schlimm genug. Noch schrecklicher ist aber, daß er immer weiter sündigt. Trotz all seiner guten Vorsätze kann er seine alte Lebensweise nicht ändern.

Schlimmer noch ist die Tatsache, daß er mit seinen Wünschen, seiner Fantasie und seinen Gedanken noch mehr sündigt als mit Worten oder Taten.

Wohin soll er sich wenden?

Er ist innerlich und äußerlich von der Sünde geprägt. Was immer er tut, sagt oder denkt, trägt den Stempel der Sünde.

Er braucht die durchgrabenen Hände und das versöhnende Blut.

Aber darf er kommen?

Kann Gott auch solche Sünder annehmen, die ihren alten Lebenswandel nicht ablegen können? Kann Gott solchen Sündern vergeben, die nicht einmal echte Gewissensbisse haben?

Wer an diesem Punkt angelangt ist, dem geht es nur noch um eines. Er interessiert sich nicht mehr dafür, was andere über ihn sagen oder denken. Ihn beschäftigt einzig die Frage: »Was wird Gott mit mir machen?«

Er denkt nicht mehr daran, irgendwelche Bedingungen zu stellen. Er ist zu allem bereit, wenn er nur gerettet werden kann.

So ist es, wenn ein eigenwilliger, selbstzufriedener und eitler Mensch die Notwendigkeit der durchbohrten Hände und des versöhnenden Blutes zu erkennen beginnt.

Wie wird nun solch ein Mensch errettet? Das ist das Schwierigste dabei. Er versucht, Buße zu tun, seine Sünden zu bereuen und zu glauben. Aber eins ist für ihn so unmöglich wie das andere.

Und inmitten all dieser verzweifelten Anstrengungen ist dieser Mensch längst errettet!

In dem Augenblick nämlich, als er sich in seiner Not zum Herrn wandte und ihm die ganze Wahrheit bekannte, breitete Jesus seine durchbohrten Hände über ihn. Und sogleich bedeckte das versöhnende Blut alle seine Sünden. So war er errettet, obgleich er sich dessen noch gar nicht bewußt war und sich darum auch nicht darüber freuen konnte.

Soviel bedeutet es, wenn unser Hoherpriester seine Hände über Sünder breitet.

Gott segnet, weil er liebt

Wohl dir, mein lieber Leser, wenn du dich in deinen geistlichen Nöten dem Herrn anvertraust, sooft dein Gewissen dich beunruhigt! Dann gehörst du schon zu dem Volk, über das die segnenden Hände Jesu erhoben sind.

Ich weiß genau, daß es im Anfang für dich nicht immer leicht sein wird.

Es gibt ab und zu kleine Lichtblicke; einen Hoffnungsschimmer, der deine umnachtete Seele erhellt; ein Gotteswort, das dir gelegentlich etwas voranhilft; ein Lied, das plötzlich alle Angst aus deiner Seele vertreibt.

Doch all das ist gewöhnlich nur von kurzer Dauer.

Danach erscheint dir alles wieder in einem beängstigenden Zustand der Verwirrung. Angst und Zweifel überfallen dich. Es mag sogar geschehen, daß du an Gott und seinem Wort zweifelst, doch am meisten zweifelst du an dir selbst und an deinen Erfahrungen. Du fragst dich, ob die segensreichen Augenblicke, die du erlebtest und von denen du sicher warst, daß sie von Gott geschenkt waren, nicht nur deiner eigenen Phantasie entsprungen sind.

Dies alles gehört zu deiner Errettung.

Du verstehst es nur noch nicht; und darum fragst du immerzu, warum der Herr dich so behandelt.

Auch ich kann dir nicht alles erklären. Ich kann dir nur versichern, daß der Herr so mit uns allen verfährt, wenn er uns errettet.

Alle deine Zweifel und Ängste, all dein Seufzen und Weinen, all deine Bedrängnis und Not können ihn nicht hindern, dich mit seinen durchbohrten Händen zu segnen. Du stehst schon mitten im himmlischen Segen, selbst wenn es dir noch nicht bewußt ist. Auch das hast du mit allen Gotteskindern gemeinsam.

Während unseres ganzen Lebens bis zu unserem letzten Atemzug erhalten wir – um Jesu willen – viele Segnungen, die wir nicht verstehen und die uns nicht als Segnungen erscheinen. Und trotzdem bekommen wir sie – nicht etwa, weil wir sie verstehen, noch weniger, weil wir darum gebeten haben, sondern aus dem einzigen Grund, weil sie Früchte des Todes Christi sind und uns darum von Gott gesandt werden ohne unser Gebet.

Das möchte ich ein wenig erläutern.

Du bist nicht errettet, weil du Buße getan und deine Sünden bereut hast oder weil du glaubst. Du bist errettet um Jesu willen – weil er dir mit seinen durchgrabenen Händen die Frucht seiner Leiden mitteilt.

Dies tut er nicht, weil du ihn darum anflehst, sondern weil er dich liebt und weil er selbst, von sich aus, dich zu einem Teilhaber an der Frucht seiner Leiden machen will.

Deinerseits brauchst du nur eins zu tun: ihm deine Sünden bekennen. Denn es steht geschrieben: »Wenn wir unsere Sünden bekennen, so ist er treu und gerecht, daß er uns die Sünden vergibt und uns von aller Untugend reinigt« (1Jo 1,9).

Wenn du ihm deine Sünden bekannt hast und weißt, daß du nichts vor ihm zurückgehalten hast, dann setz dich hin und danke ihm ruhig, denn du bist schon unter seinen durchgrabenen Händen, der Herr ist dir gnädig, wahrlich, sein Angesicht leuchtet über dir.

Preise ihn, denn du lebst Tag und Nacht mitten in dem Segensstrom, der ruhig, aber gewiß von seinen durchgrabenen Händen auf alle die unwürdigen Sünder fließt, die sich nicht durch Unehrlichkeit oder einen unaufrichtigen Geist selbst von der Fülle dieses Segens ausschließen.

Aus Gnade leben

Welche Freude ist es, zu dem Volk zu gehören, über das die durchgrabenen Hände segnend erhoben sind!

Bedenke die Vorrechte, die ein Gläubiger genießt!

Er ist weder fehlerlos noch frei von Sünde; und doch steht er mit allen seinen Verfehlungen und Sünden unter den durchgrabenen Händen!

Das gibt ihm Freimütigkeit.

Es macht ihn freimütig *Gott* gegenüber, obgleich er weiß, daß er sündig und innerlich und äußerlich unrein ist. Er schaut auf die durchbohrten Hände des Heilands und dankt ihm, weil seine Hände alle seine Unreinheit bedecken und weil er in Christus alles hat, was er braucht, um für Gott annehmbar zu sein.

Die durchbohrten Hände geben ihm auch Freimütigkeit im Blick auf sein eigenes *Gewissen.* Seine empfindsame Seele fühlt sich den ganzen Tag über verklagt und verurteilt, durch die geringste Kleinigkeit wie auch durch große Dinge. Er spürt, daß sein Herz leer und ausgedörrt ist, daß er keine Freude im Herrn hat und keinerlei Trauer über seine Sünde empfindet. Sein Gebetsleben ist blockiert und weitgehend eine Gewohnheitssache. Das Wort Gottes sagt ihm nichts mehr.

Wie sehr quält ihn das – bis er seine Augen wieder auf die durchgrabenen Hände richtet.

Dann wird ihm neu die Bedeutung göttlicher Worte wie »der die Gottlosen gerecht macht« klar. Und er dankt noch ein wenig demütiger dafür, daß er in Jesus Christus geliebt wird, so wie er ist. Täglich teilen Jesu durchbohrte Hände ihm das mit, als ein Geschenk Gottes.

»Der Herr sei dir gnädig.«

So klang der Segen im Alten Bund. Und im Neuen Bund ist er noch gewaltiger, denn die Gnade ist nun in ihrer ganzen Fülle geoffenbart worden. Jedem bußfertigen Sünder, der sich in Aufrichtigkeit dem Herrn zuwendet, klingt es nun entgegen: »Meine Gnade genügt für dich.«

Wir können mutig an unsere Arbeit und in den Lebenskampf gehen, wenn diese Worte in unseren Herzen klingen. Wenn Jesu Freunde über sich selbst, ihr Zukurzkommen, ihre Fehler und ihr Versagen weinen und trauern, dann kommt der Herr ihnen ganz nahe und spricht freundlich:

»Mein entmutigter Freund, warum bist du so niedergeschlagen? Hast du vergessen, daß ich Gott bin, daß ich dein Freund und Erlöser bin? Laß dir an meiner Gnade genügen!«

Ja, seine Gnade reicht aus für uns. Täglich, selbst in der Stunde unseres Todes.

»Der Herr lasse sein Antlitz leuchten über dir!«

Diesen Teil des Segens möchte uns der Herr besonders bewußtmachen, nicht nur weil wir ihn bitter nötig haben, sondern auch deshalb, weil dies der Teil des Segens ist, den wir am schwersten begreifen.

Wenn der Herr auf sein Volk auf dieser Erde herabsieht – ein Volk, das von anderen verachtet wird und sich seiner selbst schämt –, dann strahlt sein heiliges Angesicht im Gedanken an seine Kinder. Er freut sich jedesmal, wenn er eines seiner schwachen Kinder auf der Erde anschaut. Er freut sich auch, wenn er *dich* sieht. Sooft seine Augen die Erde durchlaufen und er dich sieht, ist er glücklich, und sein Angesicht leuchtet.

Und er möchte, daß du dies weißt.

»O nein«, sagst du, »er freut sich nicht, wenn er mich sieht. Mein tägliches Leben betrübt ihn ständig. Ich beleidige und verletze ihn jeden Tag.«

Ich verstehe dich nur zu gut. Es gibt viele Gläubige, die denken: »Wenn ich schon glauben könnte, daß Gott meiner nicht müde wird, sondern weiterhin mit mir Geduld hat – wie dankbar würde ich sein! Aber daß er sich gar freut, wenn er auf mich sieht, das ist absolut undenkbar!«

Du hast recht.

So etwas könnten wir nicht denken oder erwarten, wenn Gott es uns nicht selbst gesagt hätte.

Daß das Angesicht des Herrn zustimmend über uns strahlt, wenn er uns sieht, erscheint uns deshalb undenkbar, weil wir immer noch denken, Gott liebe uns um unsertwillen – weil wir so liebenswert seien.

Nein, Gott liebt uns um Jesu willen.

Was das Auge Gottes erfreut, ist der Anblick eines Sünders, der keinen anderen Ausweg sieht, als sich bei Christus zu bergen, so wie ein Küken unter den Flügeln der Glucke Zuflucht sucht.

Hör zu! Je hilfloser du dich fühlst in deiner eigenen Kraft, und je mehr du dich an das Werk Jesu klammerst, desto liebenswerter bist du in den Augen deines himmlischen Vaters und um so heller leuchtet sein Angesicht bei deinem Anblick. Nur in Christus und nicht in dir selbst bist du Gott angenehm. Solange du deine Sünde und Unreinheit für so groß ansiehst, daß du dich in den Wunden Jesu bergen mußt, so lange ruht das gleiche Wohlgefallen auf dir, das auch auf dem Sohn ruhte: »Du bist mein geliebter Sohn, an dem ich Wohlgefallen habe.«

Eltern können diese Seite der Liebe Gottes ein wenig verstehen; aber auch die, die keine Kinder haben, machen gelegentlich Erfahrungen, die dieses Geheimnis der Liebe beleuchten.

Du bist zu Gast bei Freunden. Ihr unterhaltet euch angeregt. Auf dem Fußboden turnt und krabbelt das Kind deiner Freunde herum und schreit vielleicht zuweilen sogar.

Sehr wahrscheinlich empfindest du das Kind als Störung.

Aber der Vater und die Mutter erleben das ganz anders. Dir fällt auf, daß sie während der Unterhaltung öfter einmal lächelnd zu dem Kind hinblicken.

Warum leuchten ihre Augen, wenn sie das Kind ansehen?

Weil es *ihr* Kind ist.

Mein liebes Kind Gottes!

Er, der Vater über alle ist, die Vater und Mutter genannt werden, und über alle, die Kinder genannt werden im Himmel und auf Erden, er empfindet für seine Kinder mehr, als jeder irdische Vater und jede irdische Mutter empfinden kann.

Du bist *sein* Kind! Er hat dich *erschaffen*. Er hat dich *erlöst*. Und wenn du ihm einmal weggelaufen bist, dann war er es, der dich zurückgerufen und zur Buße geführt hat.

Ist dir schon aufgefallen, daß Kinder – wenigstens in ihren jungen Jahren – hauptsächlich damit beschäftigt sind, sich von ihren Eltern lieben zu lassen? Das Wichtigste, womit du und ich während unserer kurzen Wanderschaft auf dieser Erde beschäftigt sein sollen, ist, uns von Gott lieben zu lassen, ihn seine unfaßbare Liebe über uns ausgießen zu lassen, ihn wirklich seine Fürsorge uns angedeihen zu lassen als seine hilflosen Kinder.

Nichts kann uns *glücklicher* machen, als die Liebe Gottes zu erleben. Sie füllt unsere Seelen mit einer stillen, friedvollen Freude, die allen Verstand übersteigt und darum auch unbeschreiblich ist.

Ferner macht sie uns stark, denn »die Freude am Herrn ist eure Stärke«. Tatsächlich, Versuchungen bestürmen vergeblich das Herz dessen, der weiß, daß er um Christi willen von Gott geliebt ist. Sünde wirkt am abstoßendsten, wenn das Licht der Liebe Gottes darauf fällt. Darum gibt es keine reichere Quelle der *Heiligung* als diese Liebe.

Alltag unter Gottes Segen

Der Herr hat uns nicht als seelische, sondern auch als körperliche Wesen geschaffen. Und er vergißt nicht, daß wir Seele und Körper sind. Darum segnet er nicht nur unsere Seelen, sondern er breitet seine Segenshände auch über unser zeitliches Leben.

Es ist jedoch nicht einfach für uns, zu verstehen, wie Gott uns in dieser Hinsicht segnet. Aus diesem Grunde wird unsere Zeitlichkeit oft mühsam und schwierig.

Nach des Herrn Plan sollen wir unsere Aufgaben auf dieser Erde in Gemeinschaft mit ihm ausführen.

Er möchte in einer wirklichen, wenngleich unsichtbaren Art und Weise an allem, was wir tun, teilnehmen und sein »göttliches Plus« hinzufügen, nämlich seinen Segen: Darum wartet er darauf, daß wir *all* unser Tun seinen Händen unterstellen. Dann kann er es segnen.

Wenn du *Kinder* hast und dir um sie und ihre Zukunft Sorgen machst – vertraue deine Kinder den Segenshänden Gottes an!

Du weißt, wie außerordentlich schwierig es ist, Kinder zu erziehen. Ja, du empfindest vielleicht, daß dies deine größte Aufgabe im Leben ist. Und das stimmt. Aber denk daran, daß Gott diese Aufgabe mit dir vollbringen und seinen Segen auf alles legen will, was du in geistlicher und leiblicher Hinsicht für deine Kinder tust.

Gott möchte, daß es in deiner *Familie* ebenso zugeht.

Du hat gemerkt, welch schwere Kunst es ist, eine christliche Familie aufzubauen. Oft fühlst du dich am Ende deiner Kräfte. Doch denk daran, daß Gott sich auch damit befaßt, daß er dir helfen will und sein göttliches Plus geben will.

Dann wirst du erfahren, was es bedeutet, wenn Gott dein Heim segnet und alles Tag für Tag zum Guten wendet.

Der Herr will auch deine *Arbeit* segnen, ganz gleich, ob du geistige oder körperliche Arbeit leistest, in einer Küche oder einem Büro, in einem Klassenzimmer oder einer Fabrik.

Stell deine Arbeit täglich unter die segnenden Hände Gottes, dann wirst du sehen, wie der Herr dir hilft. Du wirst erleben, wie du Dinge fertigbringst, die du für unmöglich gehalten hast.

Wie glücklich wären du und ich bei unserer Arbeit, wenn wir es lernten, Gottes Segen darauf herabzubitten, auch auf die unbedeutendsten Gebiete unserer Aufgaben!

Der Herr will ferner deine *Finanzen* segnen. Lege auch dieses Gebiet unter die segnenden Hände Gottes. Werde nicht müde, das zu tun, auch wenn du hier und da denkst, daß dir die nötige Hilfe, die dir von deinem Vater im Himmel zusteht, nicht zuteil wird.

Vor einigen Jahren studierte ich in Deutschland. Nachdem ich eine ganze Weile schwer gearbeitet hatte, entschloß ich mich, einmal Ferien zu machen. Ich fuhr in die Schweiz, um einen alten Vater in Christo zu treffen, der Samuel Zeller hieß. Ich hatte viel von ihm gehört und gelesen.

Hier hörte ich eine Geschichte, die ich nie vergessen werde.

Es geschah nach den Kriegen Napoleons, vor mehr als hundert Jahren. Menschen und Völker waren in einen Zustand äußerster Armut versetzt worden. Unter vielen anderen war da auch eine arme Witwe. Sie hatte viele Kinder. Eines Tages hatte sie nichts mehr zu essen im Haus und war gezwungen, hinauszugehen und gutherzige Menschen um Hilfe zu bitten.

Sie ging zu einem Metzger. Er war kein freundlicher Mann. Um sein Herz anzurühren, sagte sie leise und demütig: »Könnten Sie mir bitte etwas Fleisch geben? Wir haben zu Hause nichts zu essen, und Sie wissen, daß ich viele Kinder habe. Gott wird Sie dafür segnen!«

Daraufhin grinste der Metzger bösartig und sagte: »Nun gut,

Sie sollen soviel Fleisch bekommen, wie dieser Segen Gottes, von dem Sie reden, wiegt!«

Er nahm das kleinste Stückchen Fleisch, das er finden konnte, und legte es auf die Waage. Aber die Waagschale bewegte sich nicht. Der Metzger untersuchte die Waage, ob sie vielleicht klemmte. Aber nein, die Waage war vollkommen in Ordnung.

Nun, er hatte der Witwe soviel Fleisch versprochen, wie Gottes Segen wiege. Also legte er noch ein Stück zu, damit die Schale sich senke.

Nein, sie blieb oben. Er legte mehr und mehr auf, schließlich alles Fleisch, das er im Laden hatte. Immer noch stand die Waage still!

Glaubst du nicht, daß Gott ab und zu zeigen möchte, wieviel sein Segen wiegt? Und nicht nur, damit seine *Feinde* es sehen können, sondern auch seine *Freunde*. Ohne Zweifel würde unser Leben verändert werden, wenn wir mit geöffneten Glaubensaugen sehen könnten, wieviel Gottes Segen wiegt.

Welch frohes, glückliches Leben würden du und ich führen, wenn wir sehen könnten, wie Gott still, aber sicher all unsere Bedürfnisse erfüllt! Welchen inneren Frieden würden wir bei der Arbeit erleben, wenn wir bei unseren täglichen Aufgaben die Gewißheit hätten: »Der Herr hat mir diesen Auftrag gegeben, und ich werde ihn *mit ihm* ausführen. Er wird meiner Hände Arbeit soweit segnen, wie er es für gut befindet.«

Das würde das Leben mancher Christen von vielem befreien, was jetzt die innige Gemeinschaft mit Gott und seinen Absichten stört.

Es wäre Schluß mit all den kleinen Tricks und Unaufrichtigkeiten, die im Leben und Verhalten so vieler Christen auftreten, weil sie nicht glauben, daß der Segen Gottes genügt und für sie da ist.

Christen, die den Wert des Segens Gottes erkannt haben, kennen nur die eine große und heilige Angst, sich so zu verhalten, daß der Segen Gottes von ihnen weichen könnte. Lieber nehmen sie finanzielle Nachteile in Kauf, als etwas an sich zu ziehen, was vorteilhaft erscheint, sie jedoch von Gottes Segen trennen könnte.

Es ist wohltuend, mit solchen Menschen zu tun zu haben – sei es beim Kaufen oder Verkaufen. Gott möge unserer Generation mehr von diesem Christentum geben, damit die Welt bei allen Geschäften mit uns erfahre, daß wir an Gottes Verheißungen glauben und es wagen, seinem Wort entsprechend zu handeln.

Wenn wir begreifen, was der Segen Gottes für uns bedeutet, wird auch das schwierige Kapitel des Abgebens von unserem Geld geklärt sein. Zum einen werden wir dann den Mut haben, aufrichtig mit Gott über die Summe zu sprechen, die wir für die Bedürftigen und für die Ausbreitung seines Reiches auf dieser Erde geben sollen. Sodann werden wir etwas von unserer natürlichen Angst loswerden, uns von Geld zu trennen. Eine neue, heilige Furcht wird anstelle dieser Angst treten, nämlich die Furcht, wir könnten Geld zurückhalten, das der Herr von uns haben will. Wenn wir es behielten, würden wir uns vom Segen Gottes abschneiden.

Gottes Segen bewahrt

Ich kann mir nun vorstellen, daß der eine oder andere sagt:»Ich habe auch gelesen, was die Bibel über den stillen Segen Gottes auf armer Menschen Werk sagt. Und ich habe das auch im Leben vieler Christen gesehen. Aber *ich*, ich habe es nie erfahren. Auch ich habe mit Gott gelebt und habe zu ihm gebetet, aber solcher Segen ist mir nie zuteil geworden!«

Und wenn du nun wieder von diesem Segen hörst, hast du den Eindruck, als würden die Schatten über deinem Leben noch dunkler.

Es ist tatsächlich eigenartig. Ich habe Christen gekannt, die ihr Leben lang mit wirtschaftlichen Schwierigkeiten zu kämpfen hatten. Was immer sie auch unternahmen – sie hatten niemals *Erfolg*. Sie beobachteten, wie andere auf einem bestimmten Weg vorankamen. Daraufhin versuchten sie es mit demselben Weg – vergeblich. Sie versuchten etwas anderes, aber es ging auch schief. Und so kämpften sie ihr ganzes Leben gegen finanzielle Schwierigkeiten an.

Vielleicht geht es manchem Leser ebenso.

Ich möchte dich bitten, einmal sehr genau darauf zu achten, was die Bibel über den Segen Gottes sagt:»Der Herr segne dich und *behüte* dich!«

Behütet zu werden ist also auch ein Teil des Segens.

Glaub mir, es gibt viele Christen, die Gott gerade für diesen Teil des Segens preisen. Denn nur so konnten sie Gott treu bleiben und nicht ihr Erstgeburtsrecht verkaufen.

Setz dich einmal ruhig hin und denk über all die Dinge nach, vor denen Gott dich bewahrt hat! Noch lebst du in Gemeinschaft mit Gott, wenn auch vielleicht mit viel Tränen und Schwierigkeiten.

Es gibt viele, die der Herr vor den Gefahren des Mammons bewahrt hat, indem er ihnen nie gestattete, ihre Finanzpläne in die Wirklichkeit umzusetzen.

Viele hat er vor den Fängen der Eitelkeit bewahrt, indem er ihnen Schönheit und Charme vorenthielt; und viele hat der Herr vor Machtgelüsten und Rivalität bewahrt, indem er ihnen den Einfluß verwehrte, den sie suchten. Immer wurden sie klein gehalten. Doch auf diese Weise wurden sie davor bewahrt, dem Herrn davonzulaufen.

Wenn du über die bitteren Erfahrungen deines Lebens nachdenkst, über all die Schwierigkeiten, die du durchgemacht hast, dann kannst du im Licht des Geistes vielleicht erkennen, daß alles *Segen* war. Du erkennst dann, daß Gott dir freundlich begegnete – auch an solchen Tagen, wenn du unter Seufzen und Stöhnen den Segen Gottes als *bewahrende* Gnade erfuhrst.

Gottes Segen erzieht

Aber während du ruhig darüber nachdenkst, kommt dir ein anderer Gedanke in den Sinn: »Die Tatsache, daß der Herr gezwungen ist, in dieser Weise mit mir zu verfahren, beweist, daß ich schlechter als andere Christen sein muß. Sie können ohne so große Prüfungen durch dieses Erdenleben gehen. Also habe ich sie wohl nötig, weil ich schwieriger zu erziehen bin als die übrigen Gotteskinder.«

Nun, mein Freund, ich kenne dich nicht, und darum kann ich nichts über dich sagen. Aber ich weiß, was Gottes Wort hierüber sagt, und ich will versuchen, dir das zu erklären.

Es steht geschrieben: »Welchen der Herr *lieb* hat, den *züchtigt* er, und er *straft* einen jeglichen Sohn, den er aufnimmt« (Hebr 12,6).

Für »strafen« steht wörtlich das griechische Wort für »geißeln« – eine schmerzhafte Strafe! Und doch benutzt der Herr diese Illustration, um uns zu erklären, was er mit denen tut, die er annimmt. Und denk daran, daß der Herr nicht übertreibt. Er gebraucht keine starken Ausdrücke, ohne sie zu meinen, so wie wir es zu tun gewohnt sind.

Wenn er jeden Sohn, den er aufnimmt, geißelt, erfüllt er das, was im Alten Testament symbolisch vorausgesagt ist bei der Einrichtung der Stiftshütte: »Alles, was das Feuer verträgt, sollt ihr durchs Feuer gehen lassen . . .und alles, was das Feuer nicht verträgt, sollt ihr durchs Wasser gehen lassen« (4 Mo 31,23).

Im Neuen Bund erfahren diese Worte ihre Erfüllung in Verbindung mit Gottes Erziehung an seinen Kindern. Alle, die das Feuer des Leidens vertragen, läßt der Herr durch das Feuer gehen; aber alle, die das Feuer des Leidens nicht vertragen können, reinigt er, indem er sie gnädiglich nur durchs warme Wasser gehen läßt.

Ich meine, daß Leiden und Trübsal für uns in einem neuen Licht erscheinen, wenn wir sie von diesem Gesichtspunkt aus sehen.

Wir haben natürlich gedacht, daß die, die auf der Sonnenseite des Lebens stehen, die glücklichsten von allen sind. Und nun kommt Gottes Wort und sagt uns, daß der Herr darüber ganz anders denkt. Er weiß, daß diejenigen, denen das Leiden erspart bleibt, nicht die besonders glücklichen sind.

Wenn die Zeit kommt, in der wir alles im richtigen Licht sehen, wird uns vielleicht klar, daß uns niemals ein größeres Vorrecht als das Leiden zuteil werde.

Das paßt wunderbar zu dem, was wir von Gott glauben. Wir glauben an einen *leidenden* Gott, und wir glauben, daß eben der Gott, der leidet, auch der *gesegnete* ist!

Mein Bruder und meine Schwester, wenn du in die Schule des Leidens aufgenommen bist, wenn du in das Feuer der Reinigung geworfen wurdest und die Schmerzen an Seele und Leib fühlst, sei nicht entmutigt!

Vor allem: murre nicht wider Gott!

Ich weiß, daß du in die Versuchung kommst, zu murren, aber tu es nicht! Bitte viel lieber darum, daß dir die Gnade geschenkt wird, stille zu sein! Denn in deinem Leben geschieht Großes! Gott arbeitet an deinem inneren Leben und bewirkt deine Heiligung. Er reinigt dich von allen Rückständen, damit er dir sein Bild einprägen kann, das schlichte Bild des leidenden Gottes. Ohne Leiden kann es uns nicht eingedrückt werden.

Er selbst lernte Gehorsam durch das, was er litt. Können wir dann etwa erwarten, den Gehorsam auf leichtere Weise zu lernen?

Wenn du irgendwann den Eindruck hast, daß deine Leiden zu groß und zu schwer zu ertragen sind, dann richte deinen Blick auf Jesus! Denke an ihn, wie er litt, und bitte den Heiligen Geist, dir Christus zu offenbaren.

Bitte nicht nur darum, in deinen Leiden aushalten zu können, sondern auch, *Gott darin sehen* zu können.

Gott will alle Menschen segnen

Die meisten Menschen laufen vor dem Segen Gottes fort. Währenddessen läuft ihnen der Segen buchstäblich nach, denn Christus ist auch für sie gestorben. Er selbst verfolgt sie, um sie zu segnen. Sie jedoch fliehen weiter und weiter von dem Segen Gottes weg.

Mein flüchtender Freund, daß du vom Segen Gottes wegläufst, das ist das große *Unglück* deines Lebens.

Du hältst viele Dinge für das Unglück deines Lebens. Und es gibt natürlich auch vieles, was schwer zu ertragen ist. Trotzdem ist dein einziges *wirkliches* Unglück, daß du vor Gottes Segen davonläufst.

Denke daran, daß du auf einem Wege vorandrängst, vor dem dich der Herr gewarnt hat. Immer wieder steht er vor dir und sagt:»Nicht dorthin! Nicht dorthin!« Doch du stößt ihn beiseite und stürmst genau auf dem Weg weiter.

Denke daran, daß es dein Risiko ist, wenn du weitergehst, denn Gott ruft dich an und sagt: »Auf diesem Wege kann ich nicht mit dir gehen. Letzten Endes kann ich dich nicht mehr erreichen, wenn du auf diesem Weg weitermachen willst.«

Warum bestehst du darauf, in eigener Kraft gegen die Lasten, Härten und Leiden des irdischen Lebens anzugehen, wo Gott dir doch seinen eigenen Rat, seine Hilfe und Stärke anbietet?

Es gibt ohne Zweifel Menschen, die denken: »Gott hat sich geweigert, mich zu segnen. Aus seinem Himmel sieht er ernst und streng auf mich und alle meine Sünden und Verfehlungen herab.«

Da bist du im Irrtum!

Lies die Bibel, und du wirst sehen, wie Gott mit den Menschen umgeht: »Er läßt seine Sonne aufgehen über Böse und Gute und läßt über Gerechte und Ungerechte regnen.« Er ist derjenige, der uns alles gibt, was er uns nur aufdrängen kann.

Wir nehmen alle die zeitlichen Segnungen an, die er uns gibt, z. B. Sonnenschein und Regen. Wenn er uns jedoch geistlichen Segen sendet, sagen viele sofort: »Nein, danke . . .!« Zeitlichen Segen erhalten sie nie genug.

Es sollte uns also bewußt sein, daß Gott in seiner Liebe diese

Menschen segnet, obgleich er sie nicht bereden kann, etwas anderes als zeitliche Segnungen anzunehmen.

So ist Gott!

Er ist es, der dir die Überfälle zeitlicher Segnungen vermittelt und der nur darauf wartet, daß du dein Herz öffnest, um den größten Segen, den er uns geben kann, aufzunehmen: Jesus Christus.

Hast du ihn nie gesehen? Natürlich hat du das! Es hat Zeiten gegeben, da senkte sich die Ruhe der Ewigkeit auf deine ruhelose Seele. Dann sahst auch du das »himmlische Bild«. Dann hörtest auch du die »himmlische Musik«.

Du sahst den, dessen Herz durchstochen wurde wegen der Bosheit deines Herzens.

Du sahst den, der sich von seinen Feinden zu Tode quälen ließ, um sie zu seinen Freunden zu machen.

Gerade jetzt steht er an deiner Seite, still und freundlich.

Lauf nicht länger von ihm fort! Höre auf das, was er dir zu sagen hat! Beginne augenblicklich, sein heiliges Wort zu lesen!

Und fange an, zu ihm zu beten! Sprich täglich mit ihm über deine Sünden und über alles, was dein Gewissen belastet.

Das wird dich zum Glauben leiten und zu einer lebendigen Gemeinschaft mit dem unsichtbaren Christus.

Der Heilige Geist wird dich von der Sünde überführen und dich zum Kreuz Christi leiten. Dort wird dein Herz beginnen, zu frohlocken in dem Heil, das er für dich erworben hat.

Die Sanftmütigen

Selig sind die Sanftmütigen, denn sie werden das Erdreich besitzen.
Matthäus 5,5

Eure Lindigkeit lasset kund sein allen Menschen! Der Herr ist nahe!
Philipper 4,5

Das Wort »Sanftmut« bedeutet »sanfte, geduldige Gemütsart«, doch ist der 2. Wortteil auch mit unserem Wort »Mut« verwandt. Bei den oben zitierten Worten über »Sanftmut« und »Lindigkeit« geht es also auch um *Mut.*

Texte, die uns etwas über Mut sagen, sind wahrlich zeitgemäß; denn wir sind feige, jeder einzelne von uns.

Wir sind viel feiger, als es andere von uns annehmen. (Es ist typisch für Feigheit, sich zu verstecken.) Wir sind sogar feiger, als wir es selbst wissen.

Denken wir nur einmal daran, was geschieht, wenn wir unrecht gehandelt haben! Es sind nicht nur die Kinder, die großen Einfallsreichtum entwickeln, wenn es darum geht, Entschuldigungen zu finden und sich aus der Affäre zu ziehen. Wir Erwachsenen machen das auch. Nur haben wir mehr Geschick beim Erfinden von Entschuldigungen.

Wie selten begegnen wir Menschen, die ohne Umschweife ihre Fehler und falschen Handlungen zugeben. Wir haben sehr wenig Mut, wenn es darum geht, zu bekennen, was wir falsch gemacht haben. Wir fürchten uns nicht nur davor, es vor anderen zuzugeben, sondern sogar vor uns selbst. Wir befürchten, daß wir dadurch etwas verlieren, nämlich die Achtung anderer und unsere Selbstachtung.

Darum fällt es uns auch so schwer, um Verzeihung zu bitten, wenn wir anderen Unrecht getan haben. Das zu tun, verlangt viel *Mut*!

Mangel an Mut macht sich in all unseren Beziehungen bemerkbar.

Wir haben sehr wenig Mut, wenn es ums *Geben* geht. Wir sind nicht ängstlich, wenn's ums Nehmen geht. Doch die meisten von uns rechnen und kalkulieren sehr sorgfältig, bevor sie etwas geben. Unser Sparsamkeitssinn ist dann sehr wach.

Nicht nur vom Geld trennen wir uns sehr ungern. Wir sind ebenso kleinlich, wenn wir unsere Zeit, unsere Liebe, unsere Fürsorge, unsere Hilfe anderen widmen sollen. Wir haben nicht genügend Opferbereitschaft. Wir sind schnell dabei, sorgfältig die Kosten zu überschlagen. Und wenn wir dann darüber nachdenken, ziehen wir uns zurück, weil wir das Opfer scheuen, das damit zusammenhängt.

Auch haben wir wenig Mut zur *Demut*. Das Verlangen, groß zu sein, ist tief in uns allen verwurzelt. Dabei machen wir die lächerlichsten Verrenkungen. Mit allen Mitteln versuchen wir zu verhindern, daß andere Leute merken, wie klein wir sein können. Wir meinen sogar, es sei viel gewonnen, wenn andere uns besser einschätzen, als wir sind.

Noch weniger Mut haben wir in bezug auf *Leiden*.

Wir versuchen, dem Leiden unbedingt aus dem Weg zu gehen. Gott im Himmel hört wahrscheinlich nie so viele ernsthafte und inbrünstige Gebete wie dann, wenn wir ihn bestürmen, uns vor Krankheit und Sorgen, Widerstand und Unglück zu bewahren.

Und wahrscheinlich danken wir ihm niemals herzlicher als dann, wenn er uns vor Krankheit und mancherlei Prüfung bewahrt hat, von denen unser Nachbar das Haus voll hat. Unser Mut zum Leiden ist gleichermaßen schwach, ob es sich um das Erleiden von Krankheit, Feindschaft, Enttäuschungen oder Ungerechtigkeiten handelt.

Vielleicht fällt es uns am schwersten, *Ungerechtigkeit* zu erleiden.

Ich kenne Leute, die die Stürme großer körperlicher Schmerzen und schlimmer Schicksalsschläge gut ausgehalten haben, die jedoch bitter und haßerfüllt wurden, als ihnen zugemutet wurde, Ungerechtigkeit zu ertragen. Es verlangt sehr viel Mut, unfaire und ungerechte Behandlung zu ertragen.

Das können wir schon in den kleinen Dingen des Alltags sehen. Wenn wir zum Beispiel bei einem Wortwechsel davon überzeugt sind, recht zu haben, wie schwierig ist es dann, dem anderen das letzte Wort zu lassen!

Falscher Mut

Wenn wir endlich erkennen, wie feige wir sind, geschieht es oft, daß uns ein ungewöhnlich starkes Verlangen befällt, das genau in die andere Richtung zielt.

Dann *nehmen* wir all unsern Mut zusammen. Wir möchten *beweisen*, daß wir mutige Menschen sind. Wir wollen uns selbst und anderen klarmachen, daß wir selbständig denken und unserer Überzeugung gemäß handeln *können.*

Auf einmal halten wir es für unsere Pflicht, anderen die Wahrheit zu sagen. In Wirklichkeit wollen wir jedoch beweisen, wie mutig wir sind, und nicht wie sehr uns an der Wahrheit liegt. In einer solchen Verfassung ist es natürlich kaum möglich, die Wahrheit *in Liebe* zu sagen. Wir werden stattdessen grob, kalt und gefühllos, wenn wir die Wahrheit sagen. Und wenn uns jemand widerspricht, reagieren wir gereizt und rechthaberisch.

Sicher haben wir alle schon erlebt, wie so etwas eine Unterhaltung oder Diskussion über christliche Themen trüben oder ruinieren kann. Zu Anfang halten wir uns ans Thema und reden so, daß es unseren Zuhörern zur Auferbauung dient. Oft jedoch enden wir in Streitsucht und Haarspalterei.

Während meiner Reisen habe ich gläubige Männer und Frauen beobachtet, die die Gelegenheit nutzten, ihren Mitreisenden ein Zeugnis von ihrem Heiland zu sagen. Oft war es eine Freude, zu hören, wie brennend und aufrichtig ihr Zeugnis war. Aber was geschah dann? Irgend jemand im Wagen widersprach, und dann entspann sich eine Diskussion, zuerst ruhig und friedlich, aber manchmal immer heftiger und schärfer werdend. Die Furcht, bei einem Streitgespräch zu verlieren, war größer als der Eifer um verlorene Seelen.

Hier war Mut genug, aber er war aggressiv und unbeherrscht – ohne Liebe und Geduld.

Sanftmut – ein Kennzeichen Jesu

Jesus mißt der *Sanftmut* einen hohen Wert zu. Sie ist die größte Haltung.

Jesus selbst besaß diese Gesinnung und bewies sie sein ganzes Leben hindurch.

Er war bereit, unbemerkt zu leben.

Der Bericht vom 12jährigen Jesus im Tempel beweist doch wohl, daß Jesus sich von frühester Kindheit an bewußt war, daß er sich von allen anderen Menschen unterschied und eine hohe Berufung hatte. Wenn er sich aber darüber klar war, daß ihn der Vater ausersehen hatte, der Heiland der Welt zu sein, welche Demut war dann nötig, ein einfacher Handwerker in einer der kleinsten Städte eines der kleinsten Länder der Welt zu bleiben, bis er dreißig Jahre alt war! Er besaß diese stille, geduldige Gesinnung, die es ertrug, so unbemerkt zu bleiben, wie der Vater es für ihn eine Zeitlang vorgesehen hatte.

Daß diese Demut während der langen, eintönigen Jahre in Nazareth oft auf die Probe gestellt wurde, ist wohl anzunehmen, auch wenn uns im Evangelium nichts davon berichtet wird.

Schon vor seiner Geburt war seiner Mutter durch den Engel mitgeteilt worden, wer ihr Sohn sein würde. Wird sie ihn nicht gedrängt haben, seine göttliche Mission vor der Zeit zu beginnen, anstatt bis zu seinem dreißigsten Lebensjahr gleich ihren anderen Söhnen ein ganz alltägliches Leben zu führen?

Als der Teufel ihn in der Wüste versuchte, war dies gewiß nicht der erste Angriff. Damals drängte er ihn, aktiv zu werden und vor den Augen der Menschen Wunder zu tun, um ihnen zu zeigen, wer er war. Ohne Zweifel hat der Teufel ihn schon vorher versucht, seiner Berufung entsprechend in Aktion zu treten und keine kostbaren Jahre zu vergeuden. Und darüber hinaus begegnete er der großen zeitlichen und geistlichen Not der Menschen auf Schritt und Tritt.

Wir sehen, daß Sanftmut das ganze Leben Jesu kennzeichnet. Dabei war er wahrer Mensch und »mußte in allen Dingen seinen Brüdern gleich werden«. Also wußte er auch, was *Angst* war.

Er hat das auch nicht geleugnet. In einer Stunde der Angst rief er aus: »Jetzt ist meine Seele betrübt. Und was soll ich sagen?« (Jo 12,27). In Gethsemane war die Angst seiner Seele noch viel größer. Er ließ sich jedoch von seiner Angst nie daran hindern, das auszuführen, was er als den Willen des Vaters kannte. Er besaß den Mut, sein Leben in Übereinstimmung mit dem Willen des Vaters zu leben; und er ließ sich weder von wohlgemeinten gegenteiligen Vorschlägen noch von gerissenen Berechnungen, satanischen Versuchungen oder Drohungen der Mächtigen davon abbringen.

Die Eigenschaft, die Jesu Mut am deutlichsten zeigte, war seine

Lindigkeit oder *Güte.* »Welcher nicht widerschalt, da er gescholten ward, nicht drohte, da er litt, er stellte es aber dem anheim, der da recht richtet« 1 Petr 2,23.

Er war sich seines Rechtes so sicher, daß er nicht einmal Gebrauch davon machte, geschweige denn Anerkennung forderte. Er überließ es dem Vater, seinem Auserwählten Recht zu schaffen (Lk 18,7). Sein Mut war mild und ganz unter dem Einfluß der Liebe; darum konnte er Ungerechtigkeit erleiden, ohne ungehalten oder böse darüber zu werden.

Er hatte den Mut, vor Freund und Feind gleichermaßen die Wahrheit zu sagen. Manchmal sagte er sie sanft, machmal streng, aber immer voll Liebe. Denn niemals suchte er seine eigene Ehre, weder beim Predigen noch bei einem Streitgespräch.

Mut zur Selbsterkenntnis

Diese Sanftmut möchte Jesus uns mitteilen.

»Lernet von mir, denn ich bin sanftmütig und von Herzen demütig«, so sagt er (Mt 11,29). Tatsächlich muß diese Demut in unsere *Herzen* gesenkt werden. Andernfalls wird die ganze Sache eine krampfhafte und unnatürliche Imitation Jesu.

Nun laßt uns sehen, wie er diese Demut in uns weckt.

Er *beginnt* damit, indem er uns den Mut gibt, unsere eigene Feigheit zu sehen, unsere angeborene Angst vor der Wahrheit.

Bei unserem geistlichen Erwachen gibt er uns den Mut, uns einzugestehen, wie wir versucht haben, der Wahrheit auszuweichen, wie wir Entschuldigungen gesucht und unsere Sünden verhüllt und verteidigt haben.

Wieviel Mut hat Gott schon dem Menschen geschenkt, der stille steht im Licht Gottes, das auf seine Vergangenheit und in sein verdorbenes, sündiges Herz fällt. Es bedarf großer Demut, alle Entschuldigungen und Erklärungen aufzugeben und zu sagen: »Ich bin schuldig!«

Ein Sünder, der durch die Erleuchtung des Geistes seine Sünde erkannt hat, würde verzweifeln und es niemals wagen, sich Gott zuzuwenden, wenn Jesus ihm nicht den Mut dazu schenkte. Nur durch den Blick auf das Leiden und Sterben Jesu für die Verlorenen und durch das Hören auf seine sanfte und freundliche Einladung, zu kommen, um das volle Heil anzunehmen, erhält der Sünder den Mut, zu Gott zu kommen.

Es fällt auch auf, daß ein Sünder oft lange zögert, bevor er diese Gabe annimmt. Sie erscheint ihm allzu groß, und er wagt nicht zu glauben, daß sie für ihn ist.

Es gibt eine typische Aussage über die Jünger: »Sie glaubten es nicht vor Freude« (Lk 24,41). Aufrichtige, erweckte Seelen müssen von Christus geradezu überredet werden, das vollbrachte Erlösungswerk, das er ihnen anbietet, anzunehmen.

Die Quellen der Sanftmut

Wenn ein Erweckter endlich diesen Mut von Christus bekommen hat, dann erhält er auch den Mut zur Sanftmut, Demut und Niedrigkeit. Die Gesinnung Christi ist nun in ihm, und nur daraus entspringen die sanftmütigen Worte und Taten des Glaubenden.

Die Sanftmut hat also zwei Quellen, aus denen sie ununterbrochen gespeist werden muß, wenn sie im Herzen des Gläubigen bleiben und von da aus sein äußeres Leben durchdringen soll.

Sanftmut ist die Gesinnung eines *demütigen* Menschen, der sich als Sünder wahrhaft vor Gott erniedrigt hat. Wenn wir täglich zum Kreuze Christi kommen, werden wir nachsichtiger mit anderen Menschen, und das nicht nur in Gedanken und Worten, sondern in unserem ganzen Umgang mit ihnen. Die Sanftmut, die wir im Umgang mit unseren Mitmenschen beweisen, ist ein Maßstab, der anzeigt, in welchem Grade wir selbst uns vor Gott gedemütigt haben.

Sanftmut entsteht aber niemals allein aus Demütigung und Gericht. Erst wenn ein verlorener Sünder täglich den Mut erhält, *Gnade* am Kreuze Christi anzunehmen, erwirbt er ruhige, sanfte Demut. Diese macht ihn dann fähig, die gleiche Geduld und verständnisvolle Gnade, die er von Gott erhalten hat, auch an andere weiterzugeben.

Sanftmut ist also der stille, niedrige Mut der *Liebe.*

Der Mut der Liebe ist der größte Mut, den es gibt. Was kann eine Mutter nicht alles für ihr Kind wagen! Und doch ist der Mut einer Mutter freundlich und sanft, weich und zart.

„Die Liebe ist langmütig, ist gütig; die Liebe neidet nicht; die Liebe tut nicht groß, sie bläht sich nicht auf, sie gebärdet sich nicht unanständig, sie sucht nicht das Ihrige, sie läßt sich nicht erbittern, sie rechnet Böses nicht zu, sie freut sich nicht der Ungerechtigkeit, sondern sie freut sich mit der Wahrheit, sie erträgt alles, sie glaubt alles, sie hofft alles, sie erduldet alles« (1 Kor 13,4–7).

Der Mut des Glaubens

Sanftmut ist nicht nur der Mut der *Liebe,* sondern auch der Mut des *Glaubens.* Glaube und Liebe sind im Leben eines Gläubigen untrennbar verbunden. Das zeigt sich auch hier. Sanftmut ist ebenso eine Sache des Glaubens wie der Liebe.

Ohne Übertreibung können wir sagen, daß es nichts Mutigeres in der Welt gibt, als an Gott zu glauben. Das klingt unvernünftig. Es scheint, als gehöre mehr Mut dazu, sich auf Menschen, als auf Gott zu verlassen. Doch sehen wir täglich, daß es den Menschen leichter fällt, sich auf alles andere als auf Gott zu verlassen.

Sören Kierkegaard hat einmal gesagt, an Gott zu glauben sei dasselbe, wie sich 70 000 Klafter tief in einen Abgrund zu stürzen. Diesen Mut bekommt ein Sünder nur, wenn Gott ihm seine Sünden bewußt gemacht hat und sie für ihn absolut unerträglich geworden sind. Erst dann empfängt er den sanften Mut, sich selbst und seine eigenen Sünden im Licht Gottes sehen zu *wollen.* Das ist die Demut, die wir brauchen, um vor Gott ehrlich zu sein. Und dann empfangen wir den freien Mut, der zu allem bereit ist, außer Gott und sich selbst gegenüber unehrlich zu sein.

Doch nicht nur der *Anfang* des Glaubens ist ein Wagnis. An Gott zu glauben ist *von Anfang bis Ende* ein enormes Wagnis, sogar bis zu unserer Todesstunde.

Jesus ist der einzige in der Welt, der dies ganz durchgehalten hat. Er ist der einzige, der seinem himmlischen Vater so bis ins letzte vertraut hat, daß er es wagte, sein Leben ganz und gar in Übereinstimmung mit des Vaters Willen und unter seiner Führung zu leben.

Uns ist das zu riskant. Darum wenden wir uns ab und gehen unseren eigenen Weg immer dann, wenn es uns zu gefährlich erscheint, dem Willen Gottes zu gehorchen.

Meistens machen wir uns nicht einmal bewußt, daß wir von Gottes Willen abweichen. Wir sind es einfach gewöhnt, unseren eigenen Willen für weiser und besser zu halten als Gottes Willen.

Wir wollen das ein wenig gründlicher bedenken.

Der Herr sagt uns, daß es nicht gefährlich ist, bescheiden,

unbedeutend und unbemerkt zu sein. Ganz im Gegenteil: »S jemand will der Erste sein, der soll der Letzte sein von allen un aller Diener« (Mk 9,35).

Doch welche Demut und welcher Glaubensmut gehören dazu dieser freundlichen Ermahnung zu folgen.

Wir meinen alle, es sei wichtig, daß wir auffallen, bewunder werden, daß man von uns redet und uns lobt. Zwar bilden wir un nicht ein, Genies zu sein, aber wir erwarten, daß den Leute unsere Begabungen auffallen, daß sie unsere Fähigkeiten und al die außergewöhnlichen Dinge sehen, seien sie körperlich ode geistiger Art. Darum sind wir mehr oder weniger enttäuscht wenn die Leute unsere besonderen Fähigkeiten nicht anerkenne oder sonst Notiz von uns nehmen. Es kann sogar vorkommen daß Enttäuschungen dieser Art so tief greifen, daß sie eine christliche Gemeinschaft und Zusammenarbeit zerstören können.

In jeder christlichen Gemeinschaft finden wir eine mehr ode weniger große Anzahl von Männern und Frauen, die sich unverstanden und von ihren Leitern beiseite gesetzt fühlen. Sie werde mißmutig, beginnen zu schmollen, und es entsteht böses Blut i der Gruppe durch Verleumdungen und hinterhältiges Reden. Ar Ende reagieren sie in ungeistlicher Weise und spalten die Herde i zwei Gruppen. Dadurch entsteht dann Schaden, der kaum wiede gut zu machen ist.

Wahrlich, man braucht viel und unerschütterlichen Mut, ur unbeachtet zu bleiben und es sich gefallen zu lassen, beseit gestellt zu werden. Dazu braucht man Glaubensmut. Es bedar des kindlichen und ausdauernden Glaubens an den, der gesagt hat »Wer sich selbst erniedrigt, der wird erhöht werden« (Mt 23,12) Der, der das sagte, lebte auch entsprechend. Er wurde beiseite ge setzt, übersehen, nie verstanden und oft verleumdet; aber e unternahm nichts, um von den führenden Personen seiner Zei anerkannt zu werden oder sich beim Volk beliebt zu machen.

Er ließ es sich nicht nur gefallen, beiseite gesetzt und verachte zu werden, sondern er *wählte* bewußt den unteren Weg. Darur vermied er alles, was die Aufmerksamkeit hätte auf ihn lenke können. Er wußte, daß daraus eine falsche Einstellung der Menschen ihm gegenüber entstanden wäre. Daran dachte er, als er ein Anzahl großer Wunder abseits der Menschenmassen vollbrachte und er beschwor diejenigen, die geheilt worden waren, keiner Menschen etwas davon zu sagen (Mk 7, 33–36; 8, 23–26).

Nicht nur in christlichen Kreisen haben die Menschen Angst davor, unbemerkt zu bleiben und beiseite geschoben zu werden. Es ist typisch für all unsere zwischenmenschlichen Beziehungen. Unter Freunden und Bekannten möchten wir uns gerne hervortun. Mehr als uns selbst und anderen bewußt ist, motiviert dieser Gedanke unsere Worte und Taten.

Auch in der Familie ist das so. Wir erwarten, daß die anderen Familienmitglieder uns beachten und daß sie anerkennen, was wir sind und was wir für sie tun. Wenn das nicht geschieht, schleicht sich Unzufriedenheit in unser Herz. In vielen Familien legt sich diese Einstellung wie kalter Nebel auf das Zusammenleben. Die Liebe wird erstickt und das Heim öde und trostlos.

»Eure Lindigkeit lasset kund werden allen Menschen«, sagt der Apostel.

Die ersten, die diese Lindigkeit erfahren sollten, sind die, die uns am nächsten stehen. Gerade in der Familie sollten wir es auch *üben*, sanftmütig zu sein, niedrig und unbeachtet zu bleiben. Dadurch würden wir den Mut erlangen, auch in größeren Lebensbereichen das Unbeachtetsein zu ertragen.

Mut zum Dienen

Jesus weist uns an, anderen zu *dienen*. Natürlich weiß er, daß wir viel Mut und viel Demut dazu brauchen, wenn wir anderen dienen wollen.

Wir haben nichts dagegen, wenn andere uns bedienen; aber instinktiv bilden wir uns ein, daß es gefährlich sei, anderen zu dienen. Wir meinen, wir würden etwas verlieren, wenn wir es tun.

Zum Beispiel denken wir, daß wir *Zeit* verlieren, wenn wir anderen einen Gefallen tun. Wie viele solcher Dienste sind ungeschehen geblieben aus dem einfachen Grund, weil wir glaubten, keine Zeit zu haben. Und dies zuallererst in unseren Familien.

Wie diese versäumten Gelegenheiten uns anklagen! Das besonders, wenn unsere Lieben uns verlassen haben und wir nichts mehr für sie tun können.

Wir brauchen tatsächlich viel *Glaubensmut*, um uns die Zeit zu nehmen, anderen zu dienen. Viele dieser Dienste werden niemals anerkannt; manche werden nicht einmal bemerkt. Und dann sind wir besonders versucht, mit diesen Diensten aufzuhören und uns ein wenig mehr um uns selbst zu kümmern.

Ohne Zweifel hören wir irgendwann ganz auf zu dienen, wenn

wir nicht an den glauben, der ins Verborgene sieht und öffentlich vergilt; an den glauben, der seine kostbare Zeit damit ausfüllte, umherzugehen und anderen Gutes zu tun; der uns am Jüngsten Tag überraschen wird, wenn er uns sagt, daß unser selbstloser Dienst an anderen für ihn ganz wichtig war (Mt 25, 34–40).

Mein lieber Leser!

Du und ich, wir sind so beschäftigt mit unserer Arbeit und Berufung, daß wir kaum Zeit haben, unseren Mitmenschen einen Gefallen zu tun. Sollten wir uns nicht vornehmen, Gott um den Glaubensmut zu bitten, der sich Zeit nimmt, anderen zu helfen?

Es mag sein, daß es uns nicht gelingt, große Dinge im Leben zu vollbringen. Vielleicht ist alles, was wir tun, unscheinbar und zusammenhanglos. Und trotzdem: welch großes Lebenswerk werden wir zurücklassen, wenn wir unsere Zeit damit verbringen, unseren Mitmenschen kleine oder große Gefälligkeiten zu tun!

Wenn ich auf das Leben Jesu sehe, wird mir klar, daß wir unser Leben nicht besser zubringen können, als im Dienst für andere. Wir brauchen viel Mut und Feundlichkeit, um unser Leben so zu verbringen. Ich für mein Teil möchte um diesen Mut und diese Güte bitten.

Wir befürchten aber nicht nur, Zeit zu verlieren, wenn wir anderen dienen. Wir glauben auch, unser Wohlergehen aufs Spiel zu setzen, wenn wir es tun.

Wie viele Dienste haben wir unterlassen, nur weil wir meinten, es koste uns zuviel! Um anderen zu dienen, müssen wir etwas *Bequemlichkeit* und *Annehmlichkeit* opfern, und die bedeuten uns in der Regel mehr, als wir zugeben möchten. Wenn wir zum Beispiel mit einer *Arbeit* beschäftigt sind, empfinden wir es als Störung, wenn wir anderen einen Gefallen tun sollen. Noch unwilliger sind wir, wenn wir uns gerade ausruhen.

Im allgemeinen sind wir jedoch nicht ehrlich genug gegen uns selbst, zuzugeben, daß unser Hang zur Bequemlichkeit der eigentliche Grund ist, der uns daran hindert, diese Dinge zu tun. Statt dessen bringen wir »echte« Gründe bei, warum wir immer wieder Menschen sich selbst überlassen.

Es stimmt schon – wir brauchen viel Mut und Freundlichkeit, um anderen dienen zu können und vor allem, darin nicht nachzulassen. Das können wir nur mit dem Mut des *Glaubens* schaffen, des Glaubens an den, der gesagt hat: »Meine Speise ist die, daß ich tue den Willen des, der mich gesandt hat« (Jo 4, 34).

Wenn wir uns von ihm diesen Mut und die Lindigkeit schenken lassen, dann werden auch wir ein wenig empfinden, wie er empfand. Auch unsere Speise und das tiefste Verlangen unseres Lebens wird dann sein, für andere da zu sein, und zwar für solche, die uns darum bitten, wie auch für andere, die das nicht tun. Dann haben wir die Wahrheit der Worte Jesu erfahren: »*Selig* sind die Sanftmütigen.« Wir können keine reinere und tiefere Freude erfahren, als die, die uns erfüllt, wenn wir anderen dienen. Es sind nicht nur die frohen Gesichter und dankbaren Blicke der Menschen, denen wir geholfen haben, welche unser Leben mit Reichtum und Freude erfüllen. Noch wichtiger ist, was in unseren Seelen geschieht. Dienen zu dürfen, ist der natürlichste Ausdruck der Liebe. Darum übertrifft die Freude und tiefe Befriedigung des Dienstes alle anderen Freuden.

Andere werden erfreut, aber für uns, die wir den Dienst getan haben, ist die Freude am größten. Von diesem Standpunkt aus gesehen, wird das ganze Leben anders. Unsere Herzen verbindet die gemeinsame Dankbarkeit Gott gegenüber. Wir empfangen den Mut und die Kraft, miteinander auch die schwersten Proben zu bestehen.

Mut zum Geben

Jesus fordert uns auf, zu *geben.* Natürlich weiß er, daß es großen Mutes und großer Freundlichkeit bedarf, zu geben.

Normalerweise halten wir Geben für ein Risiko. Aus diesem Grunde sind wir so vorsichtig und kalkulieren so scharf, ehe wir entscheiden, wieviel wir geben wollen. Plötzlich entwickeln wir uns zu Wirtschaftsexperten, die auf den Pfennig genau über ihre Ausgaben orientiert sind und wissen, wieviel wir in letzter Zeit für die verschiedensten Zwecke gegeben haben.

Bei anderen Gelegenheiten sind wir meistens nicht so sparsam, zum Beispiel, wenn wir in ein Geschäft gehen und etwas für uns oder unsere Lieben kaufen. Dann können wir großzügiger sein und rechnen nicht so scharf.

Ohne Zweifel brauchen wir großen *Glaubensmut*, um zu geben. Normalerweise buchen wir das, was wir weggeben, als Verlust. Wir geben es *weg* und haben es dann nicht mehr. Aber der Glaube hat den Mut zu geben, denn er sieht, was der Unglaube niemals sehen kann: *Den Segen, der damit verbunden ist.*

Zuallererst ist da der Segen, Not gelindert, Armen geholfen, Herzen ermutigt zu haben und in Familien, wo sich Mutlosigkeit und Verzweiflung breit gemacht hatten, Freude gebracht zu haben.

Welch ein Segen ist es, zum Glück und zur Sicherheit anderer beigetragen zu haben! Ebenso wichtig wie unsere Gaben selbst sind unsere Anteilnahme und Opferwilligkeit, mit der sie in Berührung kommen. Das gibt unterdrückten und verängstigten Seelen den Glauben an die Menschheit zurück, den sie schon fast verloren hatten. Wenn sie ihn verlieren, verwandelt sich die Welt und das ganze Leben in ein Eishaus, in dem ihre Seelen langsam zu Tode frieren.

Der zweite Segen, den wir empfangen, ist das innere Glück und die Freude, die in unserer Seele zurückbleiben durch jede freiwillige Gabe. Im Geben selbst liegt Freude, die auch dann nicht geschmälert wird, wenn unsere Gabe mißachtet oder gar abgewiesen wird.

Dies ist echte Liebesfreude. Darum ist sie letztlich göttliche Freude. Sein göttliches Leben besteht von Ewigkeit zu Ewigkeit im Geben. Das ist sein Segnen. Er gibt dem Guten und Bösen, dem Gerechten und Ungerechten, so sagt uns Jesus in Matthäus 5,45.

Wenn wir nach und nach seiner Gesinnung den rechten Platz in unserem Leben einräumen und sie in gebende Liebe umsetzen, dann werden wir Teilhaber göttlicher Freude, der reinsten und tiefsten Freude, die Gott uns geben kann. Wenn unser Leben als Christen unglücklich und leer ist, dann ohne Zweifel, weil wir vergessen haben, zu geben. Öffne deine Augen, und schaue auf die Not um dich her. Dann beginne, sie durch deine Opfer und Gaben zu lindern. Du wirst einen großen Unterschied bemerken, und zwar nicht nur in deinem eigenen Herzen, sondern auch in deiner Umgebung.

Alles wird dir in einem anderen Licht erscheinen: Himmel und Erde, Mensch und Tier, Blumen und jeder Gegenstand. Alles wird dir zulächeln, und du wirst zurücklächeln.

Eigenliebe isoliert uns – nicht nur von Menschen, sondern von jeder Form des Lebens um uns her. Das Leben verschließt sich einem Egoisten automatisch. Der Egoist sieht nichts, als nur sich selbst, wohin er sich auch wendet, ob zu Menschen oder zur Natur.

Gebende Liebe dagegen ist wie ein Zauberstab, der überall die Türen öffnet.

Wir erfahren, was Jesus uns verheißen hat: »Gebet, und es wird euch gegeben werden: ein gutes, gedrücktes und gerütteltes und überlaufendes Maß wird man in euren Schoß geben; denn mit demselben Maße, mit welchem ihr messet, wird euch wieder gemessen werden« (Lk 6,38).

Hier begegnen wir noch einem anderen Segen, der im Geben liegt, nämlich dem rein materiellen Erfolg, der die Begleiterscheinung eines offenen Herzens und einer offenen Hand ist. Gott hat es so eingerichtet, daß derjenige, der gibt, nicht Not leiden soll. Es wird ihm von Gott zurückgegeben.

Das klingt platt. Viele ärgern sich über diesen Abschnitt. Sie sagen, das Christentum ermutige seine Anhänger, mit der Großzügigkeit zu spekulieren, um sich bei Gott in ein gutes Licht zu setzen und ihre eigene wirtschaftliche Lage zu verbessern.

Doch so hat Jesus seine Worte gerade nicht gemeint. Das würde jeder sehr schnell merken, der tatsächlich einmal versuchte, mit der Großzügigkeit zu spekulieren. Es würde sich bald herausstellen, daß es nicht auf die äußere Gabe ankommt, sondern auf die *Gesinnung*, in der die Gabe gegeben wird. Darauf achtet Jesus heute so gut wie damals, als er am Opferstock des Tempels saß (Markus 12,41–44).

Jesus selbst hat gesagt, daß derjenige, der gibt, um zu profitieren, schon seinen Lohn dahin hat und von Gott nichts empfangen wird (Mt 6,1–2). Derjenige hingegen, der *aus Liebe* gibt, um anderen zu helfen, und nicht an seinen eigenen Gewinn denkt, wird von Gott belohnt werden. Er wird ihn nicht nur im Verborgenen, sondern öffentlich belohnen, so sagt Jesus in Matthäus 6,3–4.

Es ist erwiesen, daß derjenige, der im mutigen Glauben an Gott und aus Liebe zu seinen Mitmenschen gibt, wunderbare Erfahrungen in bezug auf seine finanzielle Situation macht. Er erfährt, daß er immer reichlich Nahrung, Kleidung und Geld hat. Es ist ihm selbst unverständlich, wie sein mageres Auskommen ihm und seiner Familie genügen kann. Er gibt denen, die ärmer sind als er selbst, und doch ist immer genug da für seinen Bedarf. Es ist das *göttliche Plus*, das still und unbemerkt allem, was er hat und tut, hinzugefügt wird.

So wird alles erhöht und auf heiligen Grund gestellt. Er fühlt sich froh und sicher, daß es ihm erlaubt ist, Mitarbeiter des Allmächtigen zu sein. Er würde mit keinem Millionär tauschen, der nicht um den Segen Gottes auf seinen Millionen weiß.

Den Sanftmütigen sind herrliche Verheißungen gegeben.

»Selig sind die Sanftmütigen, denn sie werden das Erdreich besitzen.«

»Lernet von mir, denn ich bin sanftmütig und von Herzen demütig, so werdet ihr Ruhe finden für eure Seelen.«

»Gott widerstehet den Hochmütigen, aber den Demütigen gibt er Gnade.«

»Der sich selbst erniedrigt, soll erhöht werden.«

1. Ruhe

Ehrgeiz macht uns ruhelos, elend und müde. Darum wird das Leben eines Menschen, der nach Ehre jagt, eine große Tragödie.

Er ist immer unruhig, er könnte nicht genug bemerkt und beachtet werden, er könnte keinen guten Eindruck machen, keinen Erfolg haben und – vor allem – nicht entsprechend vorankommen. Die Unruhe, deren er sich mehr oder weniger bewußt ist, erfüllt ständig seine Seele.

Wer den Mut hat, niedrig und unbeachtet zu sein, ist frei von dieser nagenden Unruhe. Er erfährt in Wahrheit die Ruhe, die Jesus den Sanftmütigen verheißen hat. Er lebt in Ruhe, denn niemand überschätzt ihn (das tun nämlich viele Menschen). Darüber ist er froh, denn es hat ihn oft belastet, wenn er merkte, daß Menschen ihn überschätzten und darum zuviel von ihm erwarteten.

Er lebt in wunderbarer Gelassenheit und Freude, wenn andere Menschen ihn unterschätzen. Er kann sicher sein, daß er in Wirklichkeit mehr Fähigkeiten hat, als die Menschen denken.

Er erfährt die Wahrheit der Worte Jesu, daß die Sanftmütigen selig sind. Paradoxerweise erfüllt ihn Freude, wenn Menschen ihn demütigen, d. h. ihn zu Diensten heranziehen.

Die Quelle seiner Freude ist die Gemeinschaft mit dem Herrn. Er fühlt sich am engsten mit ihm verbunden, wenn er gedemütigt wird. Er nimmt sein kleines Kreuz auf sich und folgt willig, sicher und froh in den Fußspuren seines Herrn. So erfährt er, daß sein Kreuz und Christus zusammengehören. Das Kreuztragen gibt einem Christen Freude und Kraft, mit den Lasten des Lebens fertig zu werden. Davon hatte er vorher nichts geahnt. Gleichzeitig ist es ihm eine Freude, alle Dinge Gott anheimzustellen.

Jedesmal, wenn Menschen ihn mißverstehen und übersehen, treibt ihn das erneut in die Gegenwart Gottes.

Nachdem er sich selbst mit seinen innersten Empfindungen vor Gott gestellt hat, erfährt er eine Sicherheit, von der er vorher nichts wußte, vor allem nicht in Zeiten, wo die Gunst der *Menschen* ihn fast daran gehindert hätte, in allen Dingen *Gottes* Zustimmung zu suchen.

2. *Gnade*

»Gott widerstehet dem Hochmütigen, aber dem Demütigen gibt er Gnade.«

Das Traurige um einen Hochmütigen ist, daß er sich durch seine Einstellung selbst von den Quellen göttlicher Gnade abschneidet.

Das Glück des Demütigen ist, daß er ununterbrochenen geistlichen Kontakt mit der Fülle der Gnade hat. Aus diesem Grunde besitzt er eine wunderbare Lebensfähigkeit in bezug auf Gott und auch auf seine Mitmenschen.

Die ehrliche Einschätzung seiner selbst hält ihn ständig in einem Zustand geistlicher Bedürftigkeit. Darum kann Gott ihn unaufhörlich mit reichen Gaben sättigen (Lk 1,53). Täglich kann der Heilige Geist seiner bekümmerten Seele die Dinge erklären, die Christus angehen. Er besitzt Frieden mit Gott, und seine Seele ist gesättigt.

Gott gibt dem Demütigen *in allen Lebensbeziehungen* Gnade.

Gerade die Einstellung eines demütigen Menschen gibt diesem die eigenartige Macht, ruhig und klar jede Situation zu durchschauen.

Er entwickelt eine außerordentliche Fähigkeit, sich mit Menschen anzufreunden. Offenbar kommt er immer von der richtigen Seite auf sie zu. Durch seine demütige und bescheidene Gesinnung lockt er bei allen, denen er begegnet, ihre besten Eigenschaften hervor. Durch seine Demut und die Willigkeit zu dienen gewinnt er sogar unter denen Freunde, die gegen ihn eingestellt sind. Überall findet er etwas für den Herrn zu tun. Das rührt daher, daß er in *kleinen Dingen* treu ist und nicht darauf wartet, bis ihm ein großes, außergewöhnliches Werk aufgetragen wird. Er hat die

Demut und die Bescheidenheit, die es wagen, anderen die großen Dinge im Reich Gottes zu überlassen. Er selbst tut die kleinen, unbemerkten Dinge, für die nur wenige sich zu verzehren wagen.

Es ist wahr, Gott gibt den Demütigen Gnade!

Unvorstellbare Kraft geht von diesen bescheidenen Seelen aus. Still und unauffällig beeinflussen sie die Gemüter anderer Menschen. Sie sind überall ein Wohlgeruch Christi.

Sicherlich ist niemand besser geeignet, Seelen für Christus zu gewinnen, als der Demütige. Er gewinnt das Vertrauen der Menschen, wohin er auch geht, und Seelen öffnen sich ihm vertrauensvoll.

3. *Er soll erhöht werden*

»Wer sich selbst erniedrigt, soll erhöht werden.«

Gott hat versprochen, das zu tun. Darum wissen wir, daß kein Mensch, auch nicht irgendein Teufel, das aufhalten kann.

»Die Sanftmütigen sollen das Erdreich besitzen«, das bedeutet, sie sollen das Kampffeld behalten.

Immer haben sie anderen nachgegeben, immer ließen sie sich demütigen und wurden übersehen. Immer nahmen sich die anderen alle Rechte und Vorteile heraus, wogegen die Sanftmütigen sich niemals selbst behaupteten und sich nie vordrängten. In dem harten Konkurrenzkampf, der unter den Menschen ausgefochten wird, waren sie immer die Benachteiligten.

Aber jedesmal, wenn sie durch *Menschen* erniedrigt wurden, erhöhte *Gott* sie.

Ab und zu wurde ihnen auch *äußere* Erhöhung zuteil, wenn sie – sozusagen gegen ihren Willen – in hohe Stellungen erhoben wurden und ihnen Vertrauen, Einfluß und Macht gegeben wurden.

Ich kenne Christen, die von anderen so verleumdet und schlecht gemacht wurden, daß ihre christlichen Brüder sie daraufhin verachteten und ignorierten. Doch sie dachten nicht daran, gegen die Verleumder vorzugehen; oft war das auch gar nicht möglich. Die Verleumder trieben ihr Spiel so raffiniert, daß sie die Situation vollkommen beherrschten.

Die sanftmütigen Brüder, die so angegriffen wurden, wurden völlig zur Seite geschoben und verloren ihre Ehre.

Doch sie besaßen den Mut, Demütigung und Niederlagen zu ertragen. Sie blickten auf den Herrn und überließen ihre Angelegenheit dem, der recht richtet. Sie litten sehr. Es war, als würde ihnen bei lebendigem Leib die Haut abgezogen.

Und was geschah dann?

Nach wenigen Jahren änderte sich die Situation. Da erhöhte der Herr seine demütigen Diener. Die hinterlistigen Machenschaften wurden aufgedeckt. Die wirkliche Natur der Intriganten wurde offenbar. Dadurch hatten sich die Lügner selbst für alle Zukunft erledigt. Niemandem wäre die Idee gekommen, ihnen jemals wieder eine verantwortliche Rolle im Werk des Herrn zu geben.

Nun wurden die sanftmütigen Geschwister, die bislang beiseite geschoben worden waren, nicht nur vor aller Augen gerechtfertigt, sondern durch die Demut ihres Verhaltens während der Verfolgung hatten sie neues und größeres Vertrauen bei allen Geschwistern gewonnen. Das machte sie jetzt mehr denn je geeignet, der christlichen Gemeinschaft zu dienen.

Gewiß, so geht es nicht immer. Der Herr hat seine eigenen Wege, und er handelt, wie er will. Sogar sein eigener Sohn mußte Demütigung und Verfolgung bis zum Tod aushalten. Und sein Tod schien der endgültige Triumph seiner Feinde zu sein.

Ohne Zweifel handelt Gott ebenso an vielen seiner Kinder.

Sie erleben keine *sichtbare* Rechtfertigung. Es gefällt dem Herrn, sie auf andere Weise zu erhöhen. Und wenn der Herr erhöhen will, kann weder Mensch noch Teufel ihn daran hindern.

Er beschenkt sanftmütige und geduldige Seelen mit irgendeiner *inwendigen* geistlichen Größe. Diese wird vom Gewissen anderer Menschen empfunden. Ein geistlicher Adel strahlt aus ihren schönen Seelen und breitet sich auch über ihr Äußeres aus. Es zeigt sich eine Reinheit und tiefe Würde, die niemand übersehen kann.

Die Tatsache, daß diese Seelen sich ihrer inneren Würde gar nicht bewußt sind, macht den Eindruck auf ihre Mitmenschen um so größer. Es geht ihnen wie Mose, als er vom Berg herabkam, nachdem er mit dem Herrn Gemeinschaft gehabt hatte. Sein Angesicht strahlte, aber er selbst wußte es nicht.

»Eure Lindigkeit lasset kund werden allen Menschen.« Dies ist auch eine Freude, die die Sanftmütigen erfahren: ihre Lindigkeit wird allen Menschen bewußt – nur ihnen selbst nicht.

Unter seinen Flügeln

Wer unter dem Schirm des Höchsten sitzt und unter dem Schatten des Allmächtigen bleibt, der spricht zu dem Herrn: Meine Zuversicht und meine Burg, mein Gott, auf den ich hoffe. Psalm 91, 1–2

Meine Mutter starb, als ich zwölf Jahre alt war. Darum sind mir nur Kindheitserinnerungen an sie geblieben. Aber sie sind frisch und klar in meinem Gedächtnis. Meine Mutter war, so lange ich mich zurückerinnern kann, immer kränklich. Sie war nicht bettlägerig, aber sie mußte meistens in einem Stuhl sitzen. Vater hatte in seiner liebevollen Art einen bequemen Sessel für sie angeschafft.

Am besten entsinne ich mich an die langen Winterabende. Dann spielten wir Kinder in dem Zimmer, in dem Mutter saß.

Wir mußten uns ruhig verhalten, denn Mutter konnte keinen Lärm vertragen. Aber wie behaglich fühlten wir uns, wenn sie so in unserer Mitte saß, uns bei unseren Arbeiten half und mit uns spielte. Dabei unterhielt sie sich mit ihrer ruhigen Stimme mit uns und lächelte uns zu.

Allein die Erinnerung an diese Geborgenheit und an das Glück, das ich damals empfand, tut mit heute – viele Jahrzehnte danach – noch wohl.

Diese Kindheitserinnerung steigt bei den Worten vom »Schirm des Höchsten« und »Schatten des Allmächtigen« in mir hoch.

Es sollte das große Vorrecht unseres Lebens sein, daß wir unsere wenigen Jahre zu den Füßen des Allmächtigen und unter dem Schirm des Höchsten verbringen.

In unserer Familie, inmitten unseres Alltags ist Gott unser großer und gütiger Vater, bei dem wir sicher sind. Er möchte, daß wir als seine Kinder in seiner Gegenwart spielen und daß wir auch unsere Arbeit unter seiner väterlichen Führung, unter seinem Wohlwollen tun.

Das Leben, zu dem wir berufen sind, ist schwierig und kompliziert, voll Leid und Schmerz. Die Welt, in der wir leben, ist furchtbar: böse, unsicher und gefährlich. Und das Schlimmste ist, daß sich das nicht ändern wird, solange Sünder darin wohnen.

Auch Gott kann das nicht verhüten.

In einer Welt voll Sünde, Sorgen und Leiden gibt es nur einen Ort, wo eine betrübte und schmerzende Seele Linderung, Frieden und Sicherheit finden kann, nämlich unter dem Schirm des Höchsten.

Gott selbst kann Sündern in dieser sündigen Welt auf keine andere Weise helfen. Andererseits ist aber diese Hilfe, die er anbietet, ausreichend für alle unsere Bedürfnisse.

Ich entsinne mich sehr wohl, daß es schon genügte, meine Mutter in der Nähe zu wissen, um den Jahren meiner Kindheit ein wunderbares Gefühl der Sicherheit zu geben.

In einem weit tieferen Sinn trifft das auf Gott zu. Allein in seiner Gegenwart zu sein, vermittelt der Seele die Zuflucht, die sie braucht in ihrem Kampf gegen das Böse und die gefährlichen Kräfte, die gegen sie anstürmen.

Mutters behagliches Wohnzimmer konnte die böse Welt draußen nicht ändern. Aber es konnte die Welt daran hindern, uns mit ihrem gefährlichen Einfluß zu erreichen. In dem Zimmer fühlten wir uns sicher.

In diesen Wänden wurden wir mit einer unsichtbaren Rüstung bekleidet, die es uns möglich machte, uns in einer bösen und gefährlichen Welt zu bewegen, ohne Schaden zu nehmen.

Unter dem Schirm des Höchsten, in der Nähe Gottes, wird uns ein Gefühl der Sicherheit zuteil, das wir unbedingt brauchen, wenn wir von Lebensangst und Todesfurcht frei sein möchten, die uns zu ersticken drohen, auch wenn wir uns dessen nicht immer bewußt sind.

Gottes Nähe ändert nichts an der Tatsache der Sünde, auch räumt sie die Gefahren des Lebens nicht weg, die Bosheit des Teufels, das Leid oder den Tod. Aber Gottes Nähe vermittelt das Bewußtsein der Geborgenheit angesichts alles Bösen und aller Gefahr. In Gottes Nähe kann ich die geheime Rüstung anlegen, in der ich sicher mitten durch Gefahr und Bosheit hindurchgehen kann.

Und doch vergessen wir so leicht diesen Schutzraum, den der Herr für unsere gehetzten und verängstigten Seelen bereitet hat!

Es gibt ein altes Lied, das sagt, unsere Sünden plagten uns mehr als alles andere, sogar in unseren gücklichsten Stunden. Unsere täglichen Fehler machen uns ruhelos und entmutigen uns.

Ein empfindsamer Christ ist sich bewußt, daß er täglich gegen Gott und seine Mitmenschen in Gedanken, Worten und Taten sündigt. Darüber hinaus sieht er seine Unterlassungssünden, die ihm klarer als alles andere beweisen, wie wenig er für andere lebt!

Er erkennt seine weltliche Gesinnung, seine Trägheit beim Gebet, seine Gleichgültigkeit gegenüber dem Wort Gottes und seine Treulosigkeit und den Ungehorsam in bezug auf die Ermahnungen des Geistes.

Dies alles schmerzt ihn. Es macht ihn ruhelos und unsicher. Oft ist er nicht sicher, ob er von der Bibel her das Recht hat, Gottes Verheißungen in Anspruch zu nehmen. Er fragt sich, ob er gegen die Gnade gesündigt hat oder in geistlicher Selbsttäuschung lebt und sich für immer vom Heil Gottes ausgeschlossen hat.

Dann wird es nötig, Zuflucht unter dem Schirm des Höchsten zu suchen.

Wenn ein Sturm herannaht oder ein Raubvogel droht, beeilen sich die Küchlein, unter den Flügeln der Glucke Zuflucht zu suchen.

So laß auch du dich vom Sturm der Anklage, den der Feind deiner Seele gegen dich aufwirbelt, unter den Schirm des Höchsten treiben. Dort ist alles bereit, um solche wie dich aufzunehmen. Er wartet auf dich und bedauert es, daß du nicht ständig bei ihm Zuflucht suchst.

Bei Gott können nicht nur Gerechte Zuflucht suchen

»Aber«, sagst du, » ist das möglich? Ich habe die Gnade Gottes in der Vergangenheit schrecklich mißbraucht. Werde ich die Gnade Gottes nicht wieder unverdient in Anspruch nehmen?«

Mein Freund, du vergißt, was der Herr selbst hierüber gesagt hat: »Die Gesunden bedürfen des Arztes nicht, sondern die Kranken.« Die, die zu ihm kommen, kommen nicht, weil es ihnen gelungen ist, alle Sündhaftigkeit aus ihrem Leben zu verbannen oder die Lauheit und Weltförmigkeit ihrer Herzen zu überwinden. Sie kommen, weil es ihnen *nicht* gelungen ist, weil sie keine Entschuldigung haben und weder die Tatsünden noch die Unterlassungssünden rechtfertigen können. Sie kommen, weil ihr Leben dadurch elend gemacht wurde.

Der Zugang zum Schirm des Höchsten ist für alle frei und offen, die kommen *wollen*.

»Wer da will, der nehme das Wasser des Lebens umsonst« (Offenbarung 22,17).

»Wer zu mir kommt, den werde ich nicht hinausstoßen« (Johannes 6,37).

»Wenn wir aber unsere Sünden bekennen, so ist er treu und gerecht, daß er uns die Sünden vergibt und reinigt uns von aller Untugend« (1. Johannes 1,9).

»Die ihr kein Geld habt, kommt her, kauft und eßt! Kommt her und kauft ohne Geld und umsonst Wein und Milch« (Jesaja 55,1).

Zum Bergungsort des Höchsten kommen alle Sünder auf Erden mit ihren Sünden und ihrem täglichen Zukurzkommen. Sie kommen mit ihren weltlich gesinnten, arglistigen, lauen und widerspenstigen Herzen. All ihre Taten klagen sie an und verdammen sie. Nichts kann im Licht Gottes bestehen. Sogar das Gute, das sie tun, wird verdorben durch dunkle Flecken der Eigenliebe und Ehrsucht, ehe es noch ausgeführt wird. Weil solche Menschen sich entschieden haben, sich vom Geist Gottes der Sünde überführen zu lassen, versuchen sie nicht, sich selbst zu verteidigen. Jeder Pfeil der Wahrheit dringt durch zur tiefsten Tiefe ihrer Herzen.

Es gibt einen – und nur einen – Ort, wo sie Frieden finden können: Unter dem Schirm des Höchsten, unter dem Kreuz Jesu. Nur das Blut Christi kann sie vor dem göttlichen Zorn schützen, der ihnen ständig durch die wahrhaftige und gerechte Stimme ihres Gewissens bewußt gemacht wird.

Am Kreuz Christi ist unser wahrer Bergungsort.

Immer, wenn sich eine gläubige Seele vor dem Geist der Wahrheit demütigt und sich davon überzeugen läßt, daß »in mir, das ist, in meinem Fleisch nichts Gutes wohnt«, immer, wenn sie jeden Gedanken, irgend etwas in sich selbst zu sein, aufgibt, sucht sie Zuflucht in den durchgrabenen Händen Christi. Und der Heiland flüstert freundlich in ihr zerbrochenes und geschlagenes Herz: »Laß dir an meiner Gnade genügen!«

Dieser Mensch befindet sich jetzt unter dem Schirm des Höchsten und erkennt in einem neuen Licht die alte Wahrheit: »Wohl dem Menschen, dem der Herr die Schuld nicht zurechnet« (Ps 32,2). Wahrlich, wenn der Herr ihm seine Schuld nicht zurechnet, hat er Ruhe gefunden.

Das alte Wort: »Dem, der die Gottlosen gerecht macht...« (Rö 4,5), bekommt nun auch eine ganz neue Bedeutung. Gottlos – das paßt auf ihn. Er sah es nie so klar wie jetzt.

Er erlebt das größte Geheimnis des Christentums: Zur gleichen Zeit *gottlos* und *gerecht* zu sein.

Und nun fliegt eine Verheißung nach der anderen – jede kostbarer als die vorherige – seinem Herzen zu. Sie sind wie

Botschaften vom Himmel. »So gibt es nun keine Verdammnis für die, die in Christus Jesus sind« (Rö 8,1).

Hier haben wir das große Geheimnis über den Schirm des Höchsten: *in Christus.*

Solange wir in ihm sind, gibt es keine Verdammnis für uns. Solange wir im Herrn sind, werden *uns* unsere Übertretungen nicht zugerechnet. Sie sind schon auf *ihn* gelegt worden. In Christus, dem Stellvertreter, findet der Sünder Rettung und Zuflucht von allen Sünden und aller Schuld, von allen Anklagen und Stichen des Gewissens.

Hier kann ihn das alles nicht erreichen. Es hat nichts zu sagen, wie sehr er von seinem eigenen empfindsamen und ehrlichen Herzen angeklagt und verdammt wird. Er wendet sich dem geliebten Heiland zu und sagt: »Ich habe niemand außer dir!« Und der Heiland sagt: »Laß dir an meiner Gnade genügen! Ich wurde von Gott für dich zur Weisheit, Gerechtigkeit, Heiligung und Erlösung gemacht!«

Das Geheimnis des Evangeliums beginnt in seiner glaubenden Seele aufzuleuchten. Nun erkennt er, daß er von Gott geliebt wird, nicht weil an ihm selbst etwas Liebenswertes wäre, sondern weil Gott Liebe ist. Es gibt keinen anderen Grund.

Seit Gott aus Liebe seinen Sohn zur Sühnung für Sünden gab, kann nichts Gott daran hindern, einen Sünder an sein liebendes Herz zu nehmen, als nur eines: daß der Sünder es sich nicht gefallen läßt. Wie ein kleines Kind eigentlich nichts anderes tut, als sich von seiner Mutter lieben, kleiden, füttern, waschen, umsorgen und liebkosen zu lassen, so ist es der unverdiente und unerklärliche Vorzug eines Gotteskindes, sich lieben, reinigen, heiligen, nähren, bekleiden, pflegen und liebkosen zu lassen – von dem allmächtigen Gott.

Wie die unverdiente und unermüdliche Liebe der Mutter der Schutzraum für ein hilfloses Kind ist, ist die unverdiente Liebe Gottes der sichere Hafen für ein verzagtes und hilfloses Gotteskind. Sie schützt vor allen Gefahren von innen und außen und macht es ihm möglich, sicher und unbeschadet zwischen allen Teufeln, allen bösen Menschen und allen Versuchungen des Fleisches in dieser Welt der Sünde und Schwierigkeiten umherzugehen.

Ein glaubender Sünder kann mit allem, ganz gleich, was es ist, zu Gott kommen. Es mag noch so gering und unbedeutend sein,

Gott wird eingreifen und helfen. Es mag noch so groß und schwierig erscheinen, Gott kann es vollbringen.

Wenn ein Gäubiger in Gewissensnöte gerät wegen seiner alten sündigen Gewohnheiten – und wenn er ein gewissenhafter Christ ist, tut er das jeden Tag – dann rettet er sich nicht zu guten Vorsätzen. Denn diese enden natürlich in nichts anderem als Enttäuschungen und Niederlagen. Auch läßt er sich nicht in »Verzweiflung und ähnliche Sünden«, wie Luther sie nennt, treiben.

Nein, er macht es wie die Kleinen, die unter die Flügel der Glucke flüchten. Er flieht zu Gott und sagt ihm die ganze Wahrheit: »Hier bin ich wieder. Ich bin wieder im gleichen schlechten Zustand, wie letztes Mal. Dies passiert mir so oft, daß ich ganz und gar an mir selbst verzweifle. Ich fühle, daß es dein Recht wäre, mich zu verlassen und nie wieder zu versuchen, mir zu helfen. Ich bin dir untreu und bin unzuverlässig, trotz deiner liebenden Fürsorge für mich.«

Er erlebt erneut, daß Gott seine Zuflucht ist. »Kann auch eine Frau ihres Kindes vergessen, daß sie sich nicht erbarmen sollte über den Sohn ihres Leibes? Und sollte sie seiner vergessen, so will ich dich doch nimmermehr vergessen. Siehe, ich habe dich in meine Hände gezeichnet.« – »Obgleich eure Sünden rot wie Purpur sind, sollen sie weiß werden wie Schnee.« – »Das Blut Jesu Christi, des Sohnes Gottes, macht uns rein von aller Sünde.«

Hab keine Angst, daß Gott deiner überdrüssig werden könnte, weil du so oft versagt hast! Er, der das gute Werk in dir begonnen hat, wird es auch vollenden bis auf den Tag Jesu Christi. Er ist bei dir und leidet mit dir bei jeder Niederlage. »Er gibt Kraft den Unvermögenden und vermehrt die Kraft dem, der keine Macht hat.«

Dadurch wird eine Niederlage nicht nur zu *Enttäuschung*, sondern zur *Demütigung*, die jeden aufrichtigen Gläubigen näher zu seinem allmächtigen Freund treibt. Und je abhängiger er von seinem Heiland wird, um so fester wird seine Hand gegen die überwältigenden Versuchungen, die ihn befallen.

In guten und in schweren Zeiten

Meine Zuflucht!

Wenn wir Gott kennenlernen, flüchten wir uns mehr und mehr zu ihm in unseren Schwierigkeiten, den zeitlichen, wie auch den geistlichen.

Es gibt Zeiten in unserem Leben, da segelt unser kleines Lebensschiffchen ruhig und still einher. Wir erleben keine Schwierigkeiten durch Gegenwind oder Wellen. Es geht uns gesundheitlich gut. Unsere Arbeit entwickelt sich zur Zufriedenheit. Auch in der Familie läuft alles gut. Tag für Tag vergeht friedlich und harmonisch. Auch finanziell haben wir keine Schwierigkeiten. Ab und zu gibt es einige Probleme, aber im großen und ganzen scheint alles aufs beste zu stehen.

In solchen Zeiten vergessen viele Christen, den Schirm des Höchsten aufzusuchen. In guten Zeiten ist es einfach, an Gott zu »glauben«. Die Menschen denken, daß Gott gut ist. Man erteilt dann rechts und links gute Ratschläge, wie man an Gott glauben kann.

Ohne Zweifel hat mancher Christ sein geistliches Leben in der sonnigen, aber trockenen Luft des Wohlstandes eingebüßt. Nur sehr wenige können Wohlstand ohne Schaden verkraften.

Das sind die, die alles durch Christus tun können, der sie mächtig macht. Sie haben wie Paulus das Geheimnis gelernt, beides zu können, übrig zu haben und Mangel zu leiden (Philipper 4,12 und 13). Gott ist ihre Zuflucht in Tagen des Überflusses wie in widerwärtigen Zeiten.

Sie vergessen auch nicht, ihm dafür zu danken. Im Gegenteil, sie danken Gott für *alles* im Namen Jesu (Eph 5,20). Und sie sind sich auch ihrer Schwäche bewußt, wenn sie gute Tage sehen. Darum fliehen sie auch zu Gott, wenn es ihnen gut geht. Auf diese Weise überwinden sie die Welt, sogar ihren Überfluß.

Es gibt andere Zeiten im Leben, wenn Wind und Wellen sich gegen unser kleines Boot erheben. Alle unsere Pläne werden durchkreuzt; alle unsere Hoffnungen zerschmettert; Krankheit, Leid und schmerzliche Verluste dringen in unsere Familie ein. Durch Krankheit wird uns die Arbeit zur Last, und wir geraten in finanzielle Schwierigkeiten. Eine Schwierigkeit folgt auf die andere. Man hat kaum Zeit, zwischen den hereinbrechenden Wellen Atem zu holen.

Dann ist es gut, wenn man den Weg weiß zum Schirm des Höchsten.

Wohl dem, der gelernt hat, zu Gott zu fliehen, im Schatten seiner Flügel Zuflucht zu suchen und dort Geborgenheit bei Sturm und Unwetter zu finden.

Vor zweieinhalbtausend Jahren sang man: »Gott ist unsere Zuversicht und Stärke, eine Hilfe in großen Nöten« (Ps 46,2).

In Zeiten der *Not* ist die Zuflucht beim Herrn immer zu erreichen gewesen. Wenn die müde und wunde Seele sich unter die Fittiche des liebenden Heilandes rettet und ihm ihr Leid klagt oder dort niedersinkt, ohne ein Wort zu sprechen, dann erfährt sie das, was Jesus seinen Freunden verheißt: »Den Frieden lasse ich euch, meinen Frieden gebe ich euch. Nicht gebe ich euch, wie die Welt gibt« (Jo 14,27).

Nicht, wie die Welt gibt!

Der Friede, den die Welt gibt, dauert nur solange der Wohlstand währt; schon bei dem Gedanken an zukünftige Schwierigkeiten verblaßt er.

Jesus besaß jedoch einen Frieden, der nicht durch Feindschaft, Leiden oder Tod erschüttert werden konnte. Und es ist *sein* Friede, den Jesus uns verspricht. Dieser Friede hält auch in der dunkelsten Nacht der Verfolgung stand.

Gewiß, mit diesem Frieden ist Kampf verbunden.

Wir alle schrecken zurück vor Leiden, Trauer und Schwierigkeiten und möchten am liebsten Gott ständig darum bitten, solches alles von uns fern zu halten. Aber wenn wir in unserer Hilflosigkeit endlich unsere Herzen – so müde, rebellisch und leidensscheu sie auch sein mögen – an des Heilands Brust zur Ruhe bringen, dann findet das Wunder statt: Er gibt uns *seinen* Frieden. Den Frieden, der durch Widerwärtigkeiten nicht zerstört wird und für den es eine Freude ist, sich Jesu Worte zu eigen zu machen: »Soll ich den Kelch nicht trinken, den mir mein Vater gegeben hat?« (Jo 18,11).

Erst dann erlebt man voll und ganz, was es heißt, unter dem Schirm des Höchsten zu sitzen. Erst dann erfährt man die Wahrheit der Worte des alten Psalmdichters: »Er deckt mich in seiner Hütte zur bösen Zeit, er birgt mich im Schutze seines Zeltes und erhöht mich auf einen Felsen!«

Endlich haben wir festen Grund unter unseren Füßen gefunden! Unser Friede und unsere Freude hängen nun nicht mehr von äußeren Dingen ab. Wir ruhen in Gott und überlassen es den durchbohrten Händen des Heilands, ob wir Erfolg haben oder nicht.

Natürlich geschieht es auch, daß leidende, trauernde und bedrückte Seelen die vielen Schicksalsschläge kaum noch ertragen können und rufen: »Warum all die Traurigkeit, das Leiden und die Sorgen?«

Die Antwort ist: »Um uns zu *lehren*, zu Gott hin zu fliehen.«

Das zu tun, ist eine Kunst. Und jede Kunst muß geübt werden, bis man darin Meister ist. Zu Gott hin zu fliehen ist ohne Zweifel die größte Kunst des Lebens. Und sie ist keineswegs leicht zu erlernen. Doch kommt Gott uns zur Hilfe, indem er Leiden und Trübsal sendet. Trübsale verleiden uns die Wege der Welt und machen uns so fähiger, den Weg des Lebens zu wählen.

Die meisten von uns merken nicht, wie die Welt wirklich ist, bis sie sich gegen uns wendet und uns mit ihren scharfen, hervorstehenden Ecken verletzt. Erst dann verlernen wir es, stolze Worte zu reden und großspurig einherzugehen. Erst wenn alle unsere Federn ausgerupft worden sind, suchen wir in unserer Hilflosigkeit Zuflucht unter den ewigen Armen.

Was wir dann erfahren, bestimmt oft unser weiteres Leben. Die Realität, die Tiefe und der Reichtum der Gnade, die uns dann begegnen, führen uns zu einem persönlichen Verhältnis zum Herrn. Und das ist dann auch von Bedeutung für uns, wenn unsere Not zu Ende ist.

Wir haben die Kunst, das Geheimnis, gelernt, unter seinen Flügeln Schutz zu suchen. Es dämmert uns, daß das die einfachste Lösung *aller* Probleme des Lebens ist. Wenn ich ein Problem unter den Schatten des Höchsten trage, habe ich es in Wirklichkeit schon gelöst. Das ist so, auch wenn ich noch nicht alle Einzelheiten verstehe.

Wir beginnen zu verstehen, daß *das* der Sieg ist, der die Welt überwindet.

Das geistliche Klima der Welt ist so eiskalt, daß es jedes wiedergeborene Herz abkühlt. Nur wenn das Herz sich augenblicklich unter dem Schirm des Allmächtigen birgt und am Herzen Jesu neu erwärmt wird – so wie die Jungen sich unter den Flügeln der Glucke erwärmen –, kann es vor dem Erkalten bewahrt bleiben.

Es ist in dieser sündigen Welt, die durch und durch verdorben ist, nicht möglich, ein Leben in Gott zu führen, es sei denn, wir suchen ständig Zuflucht unter seinen Flügeln.

Wer gelernt hat, sich dorthin zu flüchten, erwirbt still und natürlich die richtige Einstellung. Er erhält die rechte Schau für alle Zusammenhänge dieses Lebens.

Gott täglich zu *erfahren* genügt, um Klarheit in unseren Entscheidungen zu erhalten und damit die rechte Einstellung für alle Lebenslagen zu erhalten. »Gott zu *erfahren*«, sage ich, das heißt nicht, nur an Gott zu denken, sich nach Gott zu sehnen oder über Gott zu sprechen.

Mein lieber Leser! Falls dein Christentum hauptsächlich aus Denken, Sehnen oder Reden besteht, dann fliehe mit all diesem unter den Schatten des Höchsten. Breite alles vor ihm aus. Bitte ihn noch einmal um Verzeihung für deine Untreue, um des vergossenen Blutes Jesu willen. Und bitte ihn, dich an sein Herz zu nehmen!

DU, Herr, bist meine Zuflucht!

»Wer unter dem Schirm des Höchsten sitzt..., der spricht zu dem Herrn: meine Zuversicht und meine Burg, mein Gott, auf den ich hoffe.«

Das wird er *sagen*.

Der Psalmist erinnert uns hier daran, daß es normal ist, mit dem Herrn darüber zu reden. Das sollten wir uns merken. Ich habe den Eindruck, daß die meisten von uns über *dieses* Thema wenig mit dem Herrn sprechen. Wir beten, gewiß, und wir beten oft. Und wir beten für viele gute Dinge, für uns und für andere. Das ist alles schön und gut. Aber unsere Unterhaltung mit dem Herrn sollte auch davon handeln, wovon der Psalmist hier spricht. Wir sollten dem Herrn sagen: »Du bist meine Zuversicht und meine Burg.«

Gewiß können wir es auf unsere Weise und mit unseren eigenen Worten sagen, wenn das natürlicher klingt. Aber wir sollten es *sagen*.

Anders ausgedrückt: es sollte zu den Dingen gehören, über die wir mit dem Herrn sprechen, sei es in der stillen Kammer oder während des Tages, wenn wir arbeiten oder ruhen.

Noch einmal: es ist *wichtig*, daß wir es sagen. Es ist Gott wichtig. Er *sehnt* sich danach, von uns zu hören: Du bist meine

Zuversicht und meine Burg. Es ist sein Wunsch, daß wir ihm sagen, was er uns bedeutet. Es ist sein Wunsch, daß wir ihm danken und ihn preisen. Wir übersehen diese Eigenschaft Gottes leicht.

Wir stellen uns Gott so groß und erhaben vor, als hätte er kein Herz, keine Gefühle und als bedeute es ihm gar nichts, ob wir ihm danken oder nicht. Das ist ganz falsch. Das Herz Gottes ist das wärmste im ganzen Universum. Niemand kann sich so freuen wie er.

Das hat uns Jesus auch gezeigt. Wie er sich freute, als der eine Aussätzige, der geheilt worden war, umkehrte und ihm für die Heilung dankte! Lies den kurzen Bericht in Lukas 17, 11–19 noch einmal, dann wird dir klar, wie der Samariter Jesus glücklich machte, einfach, indem er zurückkehrte, auf sein Angesicht fiel und ihm dankte. Warum freute Jesus sich so sehr darüber? Die Anwort finde ich ganz leicht in Vers 18: »Hat sich sonst keiner gefunden, der wieder umkehrte und gäbe Gott die Ehre, denn dieser Fremdling?« Für Jesus heißt danken, *Gott die Ehre geben.*

Gott sei die Ehre! Es ist Gott wichtig, daß wir umkehren und danken. Darum ist es Gott wichtig, daß wir, die wir im Schatten des Allmächtigen sitzen, zu ihm sagen: »Du bist meine Zuversicht und meine Burg!«

Es ist aber auch wichtig *für uns.*

Unsere Gebete bestehen durchweg zu viel aus *Bitten.* Nicht, daß wir zuviel beten würden und Gott unser müde würde. Nein, Jesus hat an einer ganzen Reihe von Gleichnissen vesucht, uns klarzumachen, daß wir mit Freimut beten sollen (Lk 11, 5–8; 18, 1–8).

Aber wir machen den Fehler, ihm zu wenig zu danken. Unsere Gebete sind so ausgefüllt mit Bitten, daß wir keinen Raum für Dank und Lob haben. In unseren Herzen ist zu wenig Verlangen, Gott zu danken und sein Lob zu singen.

Das betrübt Gott, und es gefährdet auch unser Gebetsleben – ja sogar unser ganzes Christenleben.

Nichts gibt uns mehr Mut und Zuversicht beim Beten, als die Erhörung zu erleben und Gott dafür zu danken. Das gibt uns nicht allein mehr Mut, sondern auch das Verlangen, für mehr zu beten. Und was am allerwichtigsten ist: Wir wachsen in dem kindlichen *Glauben*, der die Vorbedingung für die Gebetserhörung ist.

»Wer unter dem Schirm des Höchsten sitzt . . . der spricht zu dem Herrn: Meine Burg bist du.«

Das ist mehr als Danken. Das ist Anbetung. Anbetung heißt nämlich, Gott rühmen für das, was er *ist* und nicht nur für das, was er für uns *tut*. Wir müssen neu lernen, Gott anzubeten, denn das haben wir ganz verlernt.

Flucht vor Gott – oder Flucht zu Gott?

Die meisten Menschen fliehen nicht *zu* Gott, sondern *vor* Gott.

So eigenartig es klingt: der Mensch hat vor nichts mehr Angst als vor Gott. Darum halten sich die meisten Menschen in dieser Welt ganz fern von Gott und allen göttlichen Dingen.

Wenn wir diesen Menschen sagten, daß ihre Einstellung auf *Angst* beruht, würden sie sich heftig wehren. Sie würden eine lange Liste anderer Gründe aufzählen, die sie von Christus fernhalten. Wenn die gleichen Menschen jedoch geistlich wach werden und anfangen, ihre Herzen zu erforschen, dann wird ihnen bald klar und dann geben sie schnell zu, daß der tiefste Grund ihres Fernbleibens von Gott Furcht war.

Vielleicht handelt es sich hier weniger um Furcht vor Strafe, als vielmehr die Angst, der Glaube könne ihr Lebensglück trüben oder gar ganz zerstören. Darum wollen sie gewöhnlich erst dann »fromm werden«, wenn sie krank oder alt sind – also ohnehin keine Aussichten mehr haben, ihr Leben »genießen« zu können.

Andere scheinen sich nicht so sehr vor Gott zu fürchten.

Sie sind fromm. Sie suchen Gott, gehen zur Kirche und haben – wenigstens ab und zu – ihre Andacht zu Hause. Daß viele von ihnen trotzdem vor Gott Angst haben, zeigt sich jedes Mal, wenn sie eine vollmächtige Predigt über Bekehrung und Wiedergeburt hören. Augenblicklich fangen sie an, sich heftig gegen solche Gedanken zu wehren, so daß man den Eindruck hat, es ginge um ihr Leben.

Ist denn nicht alles bestens in Ordnung zwischen Gott und ihnen? Haben sie denn nicht gewissermaßen einen Vertrag mit ihm, durch den beide, er und sie, zufriedengestellt sind? Anders ausgedrückt, sie benutzen ihre Frömmigkeit, um von Gott fern zu bleiben.

Wie sehr sie sich vor Gott fürchten, wird schnell offenbar, wenn ihnen gesagt wird, sie müßten sich bekehren. Im selben Augenblick wird Gott für sie die größte Gefahr. Denn die Aufforderung, sie müßten sich bekehren, stellt ja gerade das in Frage, wovon sie sich am wenigsten trennen wollen und was sie doch durch ihre Frömmigkeit sichern wollten: Ihr Recht, ihr Leben selbst zu bestimmen. Gewiß, ein wenig Frömmigkeit können sie Gott opfern. Wenn er jedoch erwartet, daß sie sich bekehren und ihr egoistisches Leben an ihn übergeben sollen, dann betrachten sie ihn augenblicklich als ihren gefährlichsten Feind.

Aus diesem Grunde bekämpfen und verurteilen diese religiösen Leute jegliche evangeliumsgemäße Predigt über Bekehrung und Wiedergeburt. Darum bleiben sie trotz ihrer Religiosität und Kirchlichkeit sogar ihrer eigenen Kirche fern, wenn die sich Predigten dieser Art dort anhören müssen.

So ist das menschliche Herz.

Vor fast 2000 Jahren sagte die Schrift: »Denn fleischlich gesinnt sein ist Feindschaft wider Gott« (Rö 8,7). Doch der Mensch will das nicht glauben. Darum denkt er sich die unglaublichsten Entschuldigungen aus, wenn es darum geht, zu erklären, warum er sein Leben Gott nicht übergibt.

Jeder – außer ihm selbst – ist schuld daran.

Sollte ich mit diesen Worten jemanden treffen, der sich vor Gott versteckt und auf die beschriebene Weise versucht hat, seinen eindringlichen und unermüdlichen Ruf zu überhören, dann möchte ich ihm einen Gruß aus dem Wort Gottes bringen: »Es hat dich zugrunde gerichtet, Israel, daß du wider mich, wider deine Hilfe bist« (Hosea 13,9). Wenn du dir Zeit nehmen und ein wenig ruhig nachdenken würdest, dann würdest du einsehen, wie dieses prophetische Wort Licht auf dein Leben wirft.

Vielleicht ist es für dich nicht schwer, eine Reihe von Unglücksfällen aufzuzählen, die dich befallen und dein Leben dunkel und elend gemacht haben. Es mögen Unglücksfälle sein, die du deinem eigenen Verschulden zuschreiben kannst, oder auch solche, von denen du den Eindruck hast, daß du selbst keine Schuld daran hast. Einige dieser Vorfälle sind schon in die Vergangenheit versunken und bedrücken dich nicht mehr wie früher. Andere sind wie offene Wunden, die nicht heilen wollen.

Höre, mein Freund, was der Herr über dich und dein Unglück denkt.

Er sieht es alles, und zwar klarer als du selbst. Aber für ihn kann alles zusammengefaßt werden in ein einziges großes Unglück: »Du bist wider mich und wider meine Hilfe!«

Und in deiner Brust hörst du eine zarte, leise Stimme, die sagt: »Es ist wahr. Die Tragödie meines Lebens ist, daß ich immer gegen Gott war!«

Diese zarte, leise Stimme hast du nicht immer sprechen lassen. Normalerweise hast du nicht darauf gehört. Du wußtest genau, wie du sie zum Schweigen bringen konntest. Und du hast entsprechende Mittel angewandt. Doch ab und zu gelang es dir nicht. Du hörtest die zarte, leise Stimme trotzdem. Das waren ernste Augenblicke. Denn Gott selbst sprach zu dir durch diese Stimme. Was er sagte, war sehr ernst und bestimmt, und doch wurde es in wunderbarer Liebe gesagt. Etwas Sanftes und Empfindsames kam in dein Herz. Es brachte viele gute Gedanken und manche hohe Hoffnung in dein Leben. Außerdem viele gute Vorsätze. Du warst *fast ein Christ.*

Aber dabei blieb es.

Deine aufgewühlten Gefühle und Sehnsüchte waren bald verebbt. Statt dessen hattest du mehr Angst vor Gott als vorher. Du flohst weiter und weiter von ihm.

Das *mußtest* du tun. Denn »wer nicht für mich ist, ist wider mich«, sagt Jesus.

Seitdem läufst du von ihm weg. Aber von dem eigenen großen Unglück deines Lebens konntest du nicht weglaufen. Und deine fortgesetzte Flucht setzt jetzt auch dein Unglück fort.

Mein lieber Freund, fliehe *zu* Gott und tue es jetzt. Sage ihm alles über das große Unglück deines Lebens. Suche mit all deinen Sünden und all deinem Widerspruch Zuflucht *unter seinen Flügeln.*

Da wirst du finden, was du brauchst: Ruhe für deine müde Seele.

Unsere irdische Berufung

So soll euer Licht leuchten vor den Leuten , daß sie eure guten Werke sehen und euren Vater im Himmel preisen. Matthäus 5,16

Dies ist ein sehr schwieriges Kapitel. Es ist leichter zu schreiben als im Leben zu praktizieren.

Alle Religionen haben große Schwierigkeiten, der irdischen Berufung den rechten Platz einzuräumen. Üblicherweise ist das Leben in zwei Teile geteilt worden: den religiösen und den säkularen oder weltlichen Teil.

Der *religiöse* Teil umschloß alles, was mit göttlichen Dingen zusammenhängt, z. B. die Gottesverehrung in all ihren verschiedenen Formen, Opfer, Reinigungsriten, Fasten, Gebete und dergleichen.

Das übrige Leben war dann der *weltliche* Teil. Damit hatten die Götter eigentlich nichts zu tun. Wenn ihnen die Opfer und die Anbetung, die ihnen zustanden, pünktlich dargebracht wurden, waren sie zufrieden. Sie interessierten sich nicht für das tägliche Leben der Menschen. Diese Dinge gingen nur die Familie und den Staat an.

Aber nicht nur die *heidnischen* Religionen haben die Tendenz, das tägliche Leben und die irdische Berufung *außerhalb* des religiösen Bereichs zu legen. Im alten *Israel* finden wir ähnliches.

Nichts rügten die Propheten so streng, als wenn ein Mensch in religiösen Dingen korrekt war, jedoch in offener Unmoral lebte. »Frevel und Festversammlung mag ich nicht« (Jesaja 1,13; lies auch Amos 4,1 und 4 und 5!).

Jesus schalt die Pharisäer aus dem gleichen Grund. Sie waren eifrig und kompromißlos in *religiösen* Dingen. Sie gaben den Zehnten sogar von solchen unsinnigen Dingen wie Anis und Kümmel, die in ihren Küchengärten wuchsen. Sie rezitierten lange Gebete. Sie reinigten die Außenseite der Tasse und der Schüssel.

Aber sie ließen die Ethik außer acht. Sie nahmen Witwen die Häuser weg und ließen wichtige Angelegenheiten des Gesetzes, der Gerechtigkeit und der Barmherzigkeit unbeobachtet. Inwendig waren sie voll Raub und Gier. (Mt 23, 14 und 23 und 25).

Dieses verkehrte Verhältnis von Moral und Religion finden wir auch in der *christlichen Kirche,* und zwar in allen Gruppierungen.

Die Menschen achten die Gottesdienste, die Sakramente, die Feiertage und all die anderen religiösen Sitten und Zeremonien. Aber die Moral, das tägliche Leben, hinkt weiter hinterher. Das Schlimmste von allem ist, daß die Menschen wirklich meinen, es sei möglich, Gott auf diese Weise zu dienen.

Dieses Mißverhältnis von Moral und Religion finden wir sogar bei *gläubigen Christen.*

Der Heide erhebt sein Haupt auch unter ihnen und teilt das Leben in zwei Bereiche, einen religiösen und einen weltlichen. Die Werke, die wir speziell *für Gott* tun, werden völlig von unserer alltäglichen Arbeit geschieden. Die Menschen sehen nicht ein, daß unser tägliches Leben, unsere tägliche Arbeit, der wichtigste Teil der Werke sind, die wir für Gott tun.

Dann haben wir auch eine Diskrepanz zwischen *Sonntag* und *Werktag,* zwischen dem Leben in der *Familie* und dem Leben in *Gemeindeveranstaltungen.* Es gibt Ehemänner und Ehefrauen, die zu Hause ihrem Ärger freien Lauf lassen, Wutanfälle bekommen oder mürrisch und launisch sind. Außerhalb ihrer Wohnung sind sie dagegen fromm, eifrig und willig, für Christus Opfer zu bringen.

Auch gibt es Kinder, die zu Hause widerspenstig sind, schwer zu erziehen, rechthaberisch und zänkisch im Verhältis zu ihren Brüdern und Schwestern; doch in religiösen Gemeinschaften, Versammlungen und Gebetsstunden sind sie treue Mitarbeiter. Vielleicht singen sie, geben Zeugnis und predigen.

Es gibt Menschen in verantwortlichen Stellungen, die in ihrem täglichen Leben übelgelaunt und herrisch sind. Ihre Untergebenen beobachten bei ihnen wenig Freundlichkeit, geschweige denn Christlichkeit. Noch viel weniger sehen sie Anzeichen von Sorge um das Heil der Seelen ihrer Angestellten. Draußen jedoch, in den verschiedensten christlichen Organisationen, sind sie eifrig um die Rettung von Seelen bemüht, in Evangelisationen und dergleichen mehr.

Dann gibt es auch Angestellte, die es geschickt zu vermeiden wissen, mehr Arbeit zu leisten, als sie unbedingt tun müssen. Sie schielen nach der Uhr und stehlen Zeit. Es ist schwierig, mit ihnen umzugehen. Sie wollen sich nicht korrigieren lassen und sind beim kleinsten Anlaß beleidigt. Ihre Vorgesetzten finden bei ihnen recht wenig Gewissenhaftigkeit und noch weniger Eifer für die Seelen, mit denen sie Tag für Tag zusammen sind. Nichts in ihrem täglichen Leben weist darauf hin, daß ihnen daran liegt, ihre Vorgesetzten für Christus zu gewinnen.

Aber auch sie sind oft eifrige Mitarbeiter der Gemeinde, in Sonntagsschule, Frauengruppe, Chor, Evangelisationsversammlungen, Gebetsstunden und Nachversammlungen.

Sie leben ihr Leben auf zwei verschieden Ebenen: einer religiösen und einer weltlichen.

Das erinnert mich an ein kleines Erlebnis aus meiner Kindheit. Wir förderten Sand vom Fluß. Obgleich ich noch kein großer Junge war, machte ich mit – ich führte sogar ganz selbständig ein Pferd.

An einem kalten Wintermorgen waren wir ganz früh bei der Sandgrube angekommen. Viele andere Leute förderten wie wir Sand; aber an diesem Morgen waren wir zuerst an der Grube, und darum war es unser Recht, die beste Stelle auszusuchen, wo wir am leichtesten an den Sand herankamen.

Aber gleich hinter uns her kam ein anderer Mann. Er erfaßte die Situation sofort, kam herüber zu mir und sagte freundlich: »Du bist solch ein kleiner Kerl, ich will dir helfen, dein Pferd umzudrehen.« Daraufhin manöverierte er meinen Wagen absichtlich zu einem anderen Platz und nahm die beste Stelle, die mir zukam, für sich selbst.

Ich war nur ein kleiner Knirps und wagte nicht, einem Erwachsenen dreinzureden. Aber wie erstaunt und empört ich war!

Derselbe Mann stand sonntags auf und gab Zeugnis in der Gemeinde. Und montags machte er so etwas!

Sooft er fortan predigte, brachte er, was mich betraf, nichts mehr fertig, als mich an den Montagmorgen an der Sandgrube zu erinnern.

Noch eine Begebenheit möchte ich erwähnen. Auch sie ereignete sich beim Sandholen. Einer meiner Verwandten fuhr eines Tages die Straße entlang und traf einen seiner Nachbarn. »Hallo, Peter, mein Freund«, rief er ihm zu, »bringst du dein Stück Straße jetzt in Ordnung? Hast du denn nicht gehört, daß die Straßenabschnitte, die jeder einzelne pflegen muß, neu ausgelost werden und es höchst unwahrscheinlich ist, daß du das gleiche Stück bekommst, das du jetzt hast?«

Als Anwort streckte Peter seinen von der Arbeit gebeugten Rücken, wischte den Schweiß von der Stirn und sagte: »Ja, ich hörte kürzlich, daß sie die Straßenarbeiten neu zuteilen wollen.

Gerade darum will ich ja mein Stück in Ordnung bringen. Derjenige, der diesen Abschnitt nach mir bekommt, der soll doch ein gutes Stück erhalten!«

Dazu bemerkte mein Verwandter: »Seit langem habe ich am Christentum und an den Christen gezweifelt, aber an dem Tag wurde ich davon überzeugt, daß es wenigstens einen Christen in der Welt gibt.«

Er hatte einen Mann getroffen, der Gott inmitten seiner täglichen Arbeit diente. Das war für ihn ein überzeugenderes Zeugnis, als es je durch Worte in einer Versammlung gegeben werden könnte.

Unser aller große Versuchung ist, daß wir das *Alltagschristentum* vernachlässigen. Es fällt uns viel leichter, das Sonntagschristentum zu betonen.

Soweit ich sehen kann, hat unsere Zeit mehr damit zu kämpfen als die Generation vor uns. Meiner Meinung nach liegt das am Drang, alles zu organisieren. Christliche Werke sind heutzutage so vielseitig und erfordern soviel Zeit und Energie, daß wir ihnen den ersten Platz in unserem Bewußtsein einräumen.

Das *muß* nicht so sein. Ich erwähne dies nicht, um in den Chor der Kritiker einzustimmen, die sich heute gegen Organisation und Organisationen wenden. Ich sage nur, daß es sich sehr leicht so entwickeln kann.

Darum ist es für uns heutige Christen wichtig, danach zu fragen, was die Bibel über unsere irdische Berufung sagt.

Laßt mich drei Stellen nennen, die besonders klar sind:

»Ihr esset nun oder trinket oder was ihr tut, so tut es alles zu Gottes Ehre« (1 Kor 10,31).

»Und alles, was ihr tut mit Worten oder mit Werken, das tut alles im Namen des Herrn Jesus und danket Gott, dem Vater, durch ihn« (Kol 3,17).

»So laßt euer Licht leuchten vor den Leuten, daß sie eure guten Werke sehen und euren Vater im Himmel preisen« (Mt 5,16).

Diese drei Abschnitte sagen uns erstens, daß alles, was wir tun, im Namen Jesu und zur Ehre Gottes getan werden soll.

Zweitens verspricht uns der Herr in diesen drei Versen, daß unser Leben zum Heil unserer Mitmenschen dienen wird, wenn unser Alltag ein geistlicher Dienst in guten Werken ist.

Das meint er, wenn er sagt, daß sie Gott preisen werden, wenn sie unsere guten Werke sehen.

Dieser Gedanke wird im Petrus-Brief noch klarer ausgedrückt: »Desgleichen sollt ihr Frauen euren Männern untertan sein, auf daß auch die, die nicht glauben an das Wort, durch der Frauen Wandel ohne Wort gewonnen werden, wenn sie sehen, wie ihr in Reinheit und Gottesfurcht wandelt« (1 Petr 3,1–2).

Hier wird gläubigen Frauen versprochen, daß die ungläubigen Ehemänner *ohne Worte* für Gott gewonnen werden, durch das tägliche Leben ihrer Frauen. Ihr reines Leben, ihre Gottesfurcht und Sanftmut haben in den Augen Gottes großen Wert, und ihre Männer werden dadurch für Gott gewonnen.

Der Apostel gebraucht in diesem Zusammenhang ein Wort, auf das wir besonders achten sollten: das Wort *sehen*. Ohne Zweifel will er uns hier sagen, daß in unserem Christenleben nichts stärker und wirkungsvoller ist als das, was andere mit ihren Augen sehen können.

Wir vertrauen vor allem auf Worte. Aber der Apostel sagt, daß der Ungläubige, der mit Worten nicht gewonnen werden kann – weder mit Sonntags- noch mit Alltagsworten –, vom Alltagschristentum überzeugt wird, einem Christentum, das er Tag für Tag mit eigenen Augen sehen kann.

Treue im Alltäglichen

Diese Bibelstellen lassen erkennen, was das tägliche Leben eines Christen und seine irdische Berufung sein sollen. Das tägliche Christenleben sollte Gottesdienst sein, Dienst für Gott. Es ist in den Augen Gottes von hohem Wert. Und außerdem ist es ein Mittel, das Heil solchen unserer Mitmenschen zu bringen, die am schwierigsten zu gewinnen sind.

Alles, war wir tun, ist Gott angenehm, wenn wir es im rechten Geist tun. Das heißt, wenn wir es im Namen Jesu und zur Ehre Gottes tun, in dankbarer Liebe Gott gegenüber und in opferbereitem Eifer für die Errettung unserer Mitmenschen.

Gott richtet also unsere Werke nicht nach ihrem äußeren Ansehen oder Glanz. Auch nicht nach ihrem Umfang, Ausmaß oder den Resultaten. Er schaut nicht danach aus, ob wir erfolgreich waren oder nicht, ob wir viel oder wenig vollbracht haben. Er beurteilt den Geist, in dem wir unsere Arbeit tun. Das heißt, er sieht unsere *Treue* an.

Darum ist es – wie Luther sagt – ebenso wohlgefällig vor Gott, wenn wir den Fußboden fegen wie wenn wir das Evangelium predigen. Vorausgesetzt, daß wir beides im rechten Geist tun.

Weiter sagt er, daß es nur eine Frage der Gnadengabe sei, ob wir fegen oder predigen. Und diese teilt der Geist jedem zu, wie er will (1Kor 12,11).

Hier wird die irdische Berufung des Menschen als der wichtigste Teil des Dienstes eines Gläubigen für Gott an ihren biblischen Platz zurückgebracht.

Ich denke an ein junges Dienstmädchen, das ich vor vielen Jahren kennenlernte. Sie hatte sich in einer meiner Versammlungen bekehrt. Es war eine jämmerliche Bekehrung! Ich kannte die Familie, für die sie arbeitete. Die Leute waren Christen und behandelten das Mädchen gut. Natürlich freuten sie sich darüber, daß sie sich bekehrt hatte.

Doch zu ihrem großen Bedauern stellten sie fest, daß ihre Bekehrung keine Änderung in ihrem täglichen Leben hervorgerufen hatte. Sie war in ihrer Arbeit so nachlässig wie immer, ihre Ausdrucksweise war so gewöhnlich wie vorher, und in der Art, wie sie sich kleidete, zeigte sie sich so eitel wie zuvor. Darüber hinaus war sie genauso launisch und mürrisch, wie sie immer gewesen war.

Einige Male sprach ich mit ihr sehr ernst darüber. Sie hörte sich alles geduldig an. Doch es zeigte sich keine Änderung.

Später traf ich sie wieder.

Mit strahlendem Gesicht kam sie auf mich zu und sagte: »Nun habe ich mich wirklich Gott ausgeliefert!«

»Wie schön!« antwortete ich. »Hast du dich nun endlich wirklich *bekehrt?* Läßt du Gott nun in deinem täglichen Leben walten? Hast du jetzt den Kampf gegen die Sünden aufgenommen, gegen die du bisher nicht kämpfen wolltest?«

Die Freude wich von ihrem Gesicht, und sie antwortete etwas weniger begeistert: »Ich bin der Heilsarmee beigetreten!«

Auch für sie bedeutete die Hingabe an Gott etwas *Außergewöhnliches*. Das Opfer, das Gott von ihr erwartete und worüber er täglich seit ihrer geistlichen Erweckung zu ihr gesprochen hatte – das Opfern ihrer alten sündigen Gewohnheiten –, davon wollte sie nichts hören.

Interessant ist, daß Hans Nielsen Hauge* an diesem Punkt zu Luther fand.

Hauge und seine Freunde betonten hauptsächlich das Alltags-Christentum. Sie waren alles, aber keine Sonntagschristen. Festversammlungen, Ämter verschiedenster Art und Organisationen waren nichts für sie. Um so besser verstanden sie sich auf gewisse andere Dinge.

Erstens lebten sie Christus in ihrem täglichen Leben aus. Darin zeigte sich für sie, ob eine Bekehrung echt war. Darum legten sie an sich selbst einen sehr gewissenhaften und strengen Maßstab.

Zweitens waren sie sich der Tatsachen bewußt, daß ihr tägliches Leben und ihre tägliche Arbeit ihr eigentlicher Gottesdienst waren, ihre Arbeit *für Gott*. Dies war ihre erste und wichtigste Methode, ihre Mitmenschen unter den Einfluß des Wortes zu bringen und sie so zum Herrn zu führen.

Durch diese Einstellung wurde ihr Leben ein Segen Gottes, und sie wurden mit einem tiefen Ernst erfüllt. Sie waren überzeugt, daß sie sehr gewissenhaft sein mußten in ihrer täglichen Lebensweise, wenn es ihnen gelingen sollte, die Menschen, mit denen sie täglich zusammen waren, für Gott zu gewinnen und nicht abzustoßen.

Ihre »Reinheit und Gottesfurcht« gewannen das Feld für sie. Nicht Worte. Die alten Haugianer waren nicht Leute vieler Worte. In einem ihrer Choräle beteten sie sogar, daß sie »reicher in Taten als in Worten« sein möchten.

Drittens verstanden sie, daß zu ihrer irdischen Berufung die Bruderliebe gehörte. Hauge war in dieser Hinsicht sehr einfallsreich. Er rief Aktivitäten verschiedener Art in vielen Teilen des Landes ins Leben, um bedürftigen Geschwistern zu helfen, sich selbst zu versorgen. Wenn einer der Gläubigen obdachlos wurde, halfen ihm die Haugianischen Freunde, irgendeine Arbeit zu bekommen, so daß er nicht gezwungen war, Hilfe von anderen anzunehmen.

Diese *soziale* Seite des Haugianismus, diese praktische und kluge Art der Hilfeleistung, erregte großes Interesse und erwarb der Bewegung auch bei den bittersten Feinden großen Respekt.

---

* norwegischer Erweckungsprediger (1771–1824)

Es ist eine bekannte Tatsache, daß die Haugianer in ihrem täglichen Leben vorbildlich waren. Sie waren tüchtige Bauern, Handwerker, Fabrikanten und Geschäftsleute. Auf vielen Gebieten waren sie Pioniere und beteiligten sich hervorragend am Wiederaufbau ihres Landes nach der schlimmen Notzeit um 1814.

Dies alles schafften sie, ohne ihr inneres Leben mit Gott zu schwächen oder zu verletzen. Sie behielten einen unbefleckten Ruf. Sie bezahlten ihren äußeren Erfolg nicht mit einem schlechten Gewissen, errangen ihn nicht mit Mitteln, die das Licht scheuten. Das war die *große Stärke* der Haugianer.

Ohne Zweifel war der Schlüssel zu dem Geheimnis, daß sie von Anfang an die rechte Einstellung zu ihrer irdischen Berufung hatten. Sie sahen ihre täglichen Aufgaben als den wichtigsten Teil ihrer Arbeit für den Herrn an.

Als die innere Kraft der Bewegung nachließ, sank das Leben ihrer Anhänger in dieser Beziehung auf eine niedrigere Stufe. Von dem Zeitpunkt an können wir beobachten, wie diese klugen Männer in ihren zeitlichen Geschäften zu Fall kamen. Sie wurden umfangen von einer Atmosphäre der Weltförmigkeit. Viele von ihnen wurden nun knauserig und unglücklich.

Verhalten im Alltag ist Verkündigung

Es gibt zwei Gefahren, zwei besondere Schwierigkeiten, in Verbindung mit unserem irdischen Beruf.

Eine ist, in unserer Arbeit für andere nachlässig und unzuverlässig zu sein.

Die Zahl der Menschen, die das Wort Gottes nicht mehr hören, ist groß und wird immer größer. Sie kommen darum mit dem Christentum nie in Berührung, außer durch gläubige Männer und Frauen, die in ihren Häusern, Fabriken, Geschäften oder Büros beschäftigt sind.

Und du kannst sicher sein, daß diese Leute ihre Augen offenhalten.

Das ist ihr Recht, denn Christus sagt, daß alle Menschen unsere guten Werke sehen sollen.

Junge gläubige Freunde!

Wenn ihr bei nichtchristlichen Chefs oder Vorgesetzten arbeitet, möge Gott euch offene Augen geben für die Arbeit, die er von euch erwartet! Gerade euer tägliches Leben kann und soll diese Menschen, die sich so weit von Gott entfernt haben, zu ihm zurückgewinnen.

Es ist gut, daß wir Pastoren haben. Aber wenn es den Pastoren nicht gelingt, diese Menschen unter ihre Kanzel zu bekommen?

Es ist gut, daß wir Evangelisten haben. Aber wenn diese Leute nie einen Fuß dahin setzen, wo ein Evangelist predigt?

Junge Freunde! Hier ist eine Arbeit für euch, die kein Pastor oder Evangelist tun kann.

Ganz gewiß werdet ihr sie nicht mit Worten vollbringen. Das merkt ihr schnell. Dann ist es gut, daß wir die göttliche Verheißung kennen, die besagt, daß wir sie ohne Worte gewinnen können, durch unseren reinen Wandel mit Gottesfurcht, durch einen stillen und demütigen Geist, welcher wertvoll ist in den Augen Gottes und der Menschen.

Es ist keine leichte Aufgabe.

Im Gegenteil, sie wird eure Geduld aufs äußerste prüfen. Tut eure Arbeit ohne Oberflächlichkeit und Gedankenlosigkeit. Tut sie mit Fleiß und Liebe, denn der Herr erwartet das von euch. Er braucht euch in der Arbeit für sein Reich. Er braucht euch als Beweis für die Tatsache, daß das Christentum Menschen *umgestaltet.* Und zwar nicht nur sonntags, sondern in ihrem täglichen Leben und in ihrer täglichen Arbeit.

Die zweite Gefahr in Verbindung mit unserer täglichen Arbeit ist die, daß man gefangengenommen wird von seiner irdischen Aufgabe, besonders wenn man ein eigenes Unternehmen hat. Das Verlangen nach Gewinn und Profit gewinnt oft die Oberhand. Man arbeitet nicht mehr *für den Herrn* und sieht alles als Eigentum an. Gewiß ist man ab und zu großzügig und gibt dem Herrn ein wenig von dem, was man als persönlichen Besitz betrachtet. Doch dann, wenn unsere Arbeit aufhört, ein Dienst für den Herrn zu sein, sehen wir die Seelen nicht mehr, mit denen wir Tag für Tag zu tun haben. Wir sehen sie nicht mehr als Seelen an, die wir für den Herrn gewinnen sollten.

Ich habe den Eindruck, daß sich heute ein neuer Typ Christen entwickelt. Meiner Ansicht nach geschieht diese Veränderung in Verbindung mit den vielen verschiedenen christlichen Organisationen. Ohne Zweifel ist das eine typische Erscheinung unserer Tage.

Dieser »neue Typ«, das sind Christen, die in ihrem irdischen

Beruf fähig und fleißig, in vielen Fällen sogar überdurchschnittlich tüchtig sind. Sie zeigen auch Interesse an der Sache Gottes. Sehr oft sind sie bereit, viel zu opfern, und sie zeigen Eifer für die Errettung anderer. Einige von ihnen hätten am liebsten ständig Evangelisationsversammlungen.

Eigenartigerweise zeigen sie weder den gleichen Eifer noch das gleiche Interesse während ihrer täglichen Arbeitszeit. Der Mittelpunkt ihres ganzen christlichen Eifers und Interesses ist ihr christliches Werk. Dort sind sie überaus aktiv.

Diese Christen sind so beschäftigt mit ihren gewinnbringenden irdischen Aufgaben, daß sie in ihrem Alltag keine Zeit haben, Gott zu dienen. Also setzen sie bezahlte Stellvertreter ein. Sie helfen mit, Evangelisten und Reisesekretäre zu bezahlen, damit diese durch Stadt und Land reisen können.

Sie selbst sind keineswegs untätig. Ganz im Gegenteil, sie gehen gerne zu Evangelisationsversammlungen, besonders zu Nachversammlungen. *Dort* sind sie eifrig um die Errettung von Seelen bemüht. Manchmal sind sie so eifrig, daß es gefährlich ist, sie dabei zu haben.

Aber in ihrem täglichen Leben zeigen sie keine Spur von diesem Eifer für solche, die sie beschäftigen oder mit denen sie sonst während der täglichen Arbeit zusammenkommen. Ganz im Gegenteil, sie sind solchen in bezug auf die Errettung oft im Wege durch ihre Härte, Eigenliebe und durch ihre raffinierte Art bei Geschäften.

Wir müssen Gott bitten, uns davon zu befreien. Denn es würde das Ende des Christentums bedeuten, wenn sich das ausbreiten dürfte.

Wir sollten uns bemühen, unser Christsein mitten in unserem Alltag, inmitten unserer sog. »weltlichen« Geschäfte auszuleben. *Danach* sehnt sich die Welt heute. Worte hat sie genug gehört.

Wir alle sind uns über die Schwierigkeiten im klaren, die das mit sich bringt.

Wie schwer ist es für die Menschen, ihr Alltagsleben und ihre irdische Arbeit als einen Dienst *für Gott* anzusehen! Doch sollten wir uns nicht entmutigen lassen.

Laßt uns statt dessen zu Gott gehen und für uns und andere *beten*. Und dann laßt uns miteinander hierüber *sprechen*, und zwar im kleinen Kreis und auch in öffentlichen Versammlungen.

Wir wollen einander auch in dieser Hinsicht ermuntern und ermahnen.

Wenn wir erst einmal in diese Richtung blicken und es uns als Ziel in unserem Christenleben setzen, werden wir auch Erfolge erleben, selbst wenn es lange dauert.

Natürlich wird es *Kampf* bedeuten, denn es gibt nichts, was der alte Adam mehr fürchtet als gelebtes Alltagschristentum.

Auch Satan fürchtet nichts so sehr.

Ich glaube, er hat nichts gegen Versammlungen, seien es viele oder große oder »gute« Versammlungen, solange er sieht, daß diese Versammlungen unser Interesse und unsere Energie in Beschlag nehmen. Für ihn ist es wichtig, daß das Christentum nicht mehr unseren Alltag, unsere Arbeit bestimmt, und er will verhindern, daß unser Alltag zu unserem ersten, wichtigsten und ausgefülltesten Dienst für Gott wird.

Irgendwo fand eine Beerdigung statt. Ein Christ war gestorben. Er war weit und breit bekannt. Eine große Anzahl seiner vielen und treuen Freunde hatten sich zur Trauerfeier eingefunden.

Am Sarge drückten viele ihren Dank Gott gegenüber aus für alles, was dieser Diener Gottes gewesen war und getan hatte. Schließlich trat der älteste Sohn an den Rand des Grabes und dankte allen für die Liebe, die sie seinem Vater zu Lebzeiten erwiesen hatten, und für die Ehre, die sie ihm beim Begräbnis zollten.

Danach fügte er hinzu:

»Auch ich möchte heute einige Worte über Vater sagen. Vater war *zu Hause* ein Christ. Das ist für mich größer, als alle die guten Worte, die hier heute über Vaters Leben und Werk gesagt worden sind.«

Anders ausgedrückt, der Verstorbene war jemand gewesen, der wußte, daß Christentum zuerst und zuletzt *Alltagschristentum* sein sollte.

Die Furcht Gottes

Schaffet, daß ihr selig werdet, mit Furcht und Zittern. Denn Gott ist's, der in euch wirkt beides, das Wollen und das Vollbringen, zu seinem Wohlgefallen. Philipper 2,12-13

Das ist ein inhaltsschweres, tiefes Wort, und ich weiß, daß ich nicht fähig bin, seine Tiefen auszuloten oder seine Reichtümer darzustellen. Was ich jedoch von diesem Abschnitt verstehen *kann*, macht ihn überaus kostbar für mich.

Der verständlichste Teil dieses wichtigen Wortes ist der Schluß: »Gott ist's, der in euch wirkt, das Wollen und das Vollbringen.«

Hör dir das gut an, der du versucht hast, dich zu bekehren, aber es nicht geschafft hast! Man hat dir gesagt, daß Bekehrung Herzensänderung ist, und gerade das ist dir nicht geraten.

Dein Herz ist voll von selbstsüchtigen, eitlen, neidischen, bitteren und schmutzigen Gedanken wie eh und je. Dein *Verlangen* steht nach der Sünde, obgleich du dich dagegen wehrst. Dein Verlangen ist *nicht* nach Gott. Du mußt dich zwingen, zu beten und die Bibel zu lesen. Und wenn du zuweilen tust, was du für den Willen Gottes hältst, dann tust du es sehr lustlos.

Höre das Geheimnis, das der Apostel dir kundtut: »Gott wirkt in dir beides, das Wollen und Vollbringen zu seinem Wohlgefallen.«

Dies ist ein großes Geheimnis und für das Heil und den Frieden deiner Seele von äußerster Wichtigkeit. Gott erwartet *nicht* von dir, daß du die Kraft hast, dein Herz durch eigene Willenskraft zu ändern, so daß du fähig wärest, Sünde zu hassen und Gott zu lieben. Er erwartet auch *nicht* von dir, daß du in deinem Herzen das Verlangen zu beten und Gottes Wort zu lesen hervorbringen sollst. Er erwartet auch nicht, daß du ihm willig dienst und Opfer bringst und für ihn leidest.

Von dir erwartet er nur eins: daß du ihm die Wahrheit sagst, ihm die Situation schilderst und sagst, wie es in deinem Herzen und deinem Leben aussieht.

Und nicht einmal *das* kannst du aus dir selbst tun.

Auch dies muß Gott bewirken. Er ist es, der dir die Wahrheit sagen muß. Du kannst aus dir selbst noch nicht einmal die Wahrheit über dich selber erkennen. Er ist es, der dich durch seinen Geist in einer Weise überzeugen muß, daß du nicht nur die Wahrheit *weißt*, sondern auch innerlich ganz persönlich überzeugt bist, daß du genau so sündig bist, wie der Geist Gottes es dir sagt.

Schon daß du dich gerne bekehren möchtest – das hat Gott in dir bewirkt.

Die Schrift sagt, daß Gott Buße und Vergebung der Sünde *gibt* (Apg 5,31). Er gibt Buße, indem er an deinem Willen arbeitet, bis du freiwillig und ohne Druck Buße tun willst.

Es war nicht leicht für Gott, dich zur Buße zu führen. Als er begann, an deinem Willen zu arbeiten, wolltest du nicht nachgeben. Du widerstandest ihm – vielleicht über eine lange Zeit. Auf vielerlei Art und Weise versuchtest du, dem Einfluß zu entkommen, den Gottes Wille auf dich ausübte.

Aber Gott gab nicht auf. Er arbeitete weiter an deinem Willen, bis der Widerstand aufhörte. Der Sieg war im gleichen Augenblick gewonnen, als du selbst freiwillig begannst, dich bekehren zu *wollen*.

Von dem Moment an war es für Gott leichter, in dir zu arbeiten. Von da an warst du *mit* ihm (vorher warst du *gegen* ihn), und trotzdem standest du ihm noch immer im Weg. Nicht mit deinem *Willen*, denn nun warst du bereit, dich zu bekehren. Aber mit deiner *Unwissenheit*. Alles, was du bisher besaßest, war die Sicht des alten Adams von der Bekehrung. Und diese Sicht ist von Anfang bis Ende falsch.

Darum mußte Gott weiter in dir wirken, damit du verstehen lerntest, was eine Bekehrung ist.

Du dachtest, sich bekehren hieße, aus eigenem Willen Schluß zu machen mit deinem alten Leben; das Verlangen nach der Sünde wegzutun und dich selbst zu zwingen, Gott mit der ganzen Kraft deines Willens zu lieben.

Doch jetzt hat Gott an dir gearbeitet, und du weißt aus eigener Erfahrung, daß es unmöglich für dich ist, diese Dinge zu tun. Dein »Mund ist gestopft« worden, und du selbst bist »unter Gottes Urteil« gebracht worden. Nun weißt du, daß in dir, d. h. in deinem Fleisch, nichts Gutes wohnt. Gott kann dir jetzt zeigen, daß die Bekehrung kein Entschluß deinerseits ist, durch den du deinen eigenen Willen *ändern* kannst. Vielmehr ist sie deine Erklärung, daß du damit einverstanden bist, wenn er sagt, daß dein Wille durch die Sünde total verdorben und von daher absolut unbrauchbar ist. Sie ist ein Eingeständnis, daß Gott in dir einen neuen Willen schaffen muß, ja, daß er dich selbst ganz neu erschaffen muß.

Genau das ist die frohe Botschaft der Bekehrung: dieses neue Wesen will Gott aus dir machen. Weil du es nicht tun kannst. Du brauchst nur zuzustimmen. Wenn Gott sagt, daß dein Wille kraftlos ist, dann verzweifle nicht, und verliere nicht den Mut; geh ganz einfach zu Gott und sage ihm: »Lieber Herr, du siehst, wie unnütz mein eigener Wille ist. Schaffe in mir einen neuen Willen. Und wenn du ihn erschaffen hast, dann stärke du diesen neuen Willen in mir!«

Inzwischen hast du sicherlich auch eingesehen, daß du nicht aus eigener Kraft versuchen solltest, deinen Zustand zu ändern. Immer wieder geschieht es, daß die Lust der Sünde sich in dir festsetzt; du spürst, daß du weltlich gesinnt und für Gott ein Fremdling bist, du fühlst kein Verlangen, Gottes Wort zu lesen oder zu beten, und immer noch macht es dir so wenig Freude, den Willen Gottes zu tun.

Du solltest die Tatsachen zugeben, so wie sie sind, und zwar augenblicklich. Dann wird Gott das tun, was er alleine tun kann: Er wird dir *vergeben.*

Dies scheint dir unbegreiflich und unmöglich. Und darin hast du recht. Sündern zu vergeben, ist für Gott eine so ernste Angelegenheit, daß er selbst Mensch werden und sein Blut für uns vergießen mußte, um unsere Sünden zu vergeben.

Gewöhnlich wird über Bekehrung so gepredigt, daß wir sie nur als eine *Forderung* erkennen. Gewiß, Gott fordert uns auch zur Bekehrung auf – aber zuerst und zutiefst ist sie eine *Gabe.*

Knechtische Furcht – kindische Furcht

Nun ist aber Philipper 2,12 an gläubige Christen geschrieben. Der Abschnitt enthält einige tiefe Gedanken; Gedanken, die auf den ersten Blick widersprüchlich erscheinen.

Wir wollen sie kurz betrachten.

Da heißt es: »*Schaffet,* daß ihr selig werdet . . .«

Kann das in Einklang gebracht werden mit den klaren Worten der Schrift über die Errettung aus Gnaden ohne Werke (Eph 2,8-9; Rö 4,5; 3,20)?

Besonders bemerkenswert ist die Tatsache, daß gerade *Paulus* diese Worte vom Schaffen unserer eigenen Seligkeit spricht.

Gerade er betont doch sonst außerordentlich stark die unverdiente Gnade!

Die folgenden Worte sind noch erstaunlicher: »Mit Furcht und Zittern«.

Hat nicht Paulus selbst gesagt: »Ihr habt nicht einen knechtischen Geist empfangen, daß ihr euch abermals fürchten müßtet, sondern ihr habt einen kindlichen Geist empfangen, durch welchen wir rufen: Abba, lieber Vater!« (Rö 8,15)?

Das bestätigt Johannes, wenn er sagt: »Die völlige Liebe treibt die Furcht aus« (1Jo 4,18).

Wie lassen sich die beiden Aussagen zur Deckung bringen?

Erstens sagt uns die Schrift, daß es eine Furcht Gottes gibt, die der Geist Gottes aus dem Herzen eines Sünders vertreibt, sobald er diesen von der Sünde überführt und ihn mit der Gerechtigkeit Christi überkleidet hat. Das geschieht, sobald er dem Geiste eines Sünders das Zeugnis geben kann, daß dieser ein Kind Gottes ist, und sobald die Liebe Gottes in sein Herz ausgegossen ist.

Der knechtische Geist verschwindet, der Geist, der immer Angst hat, weil er keine andere Liebe und Gunst von Gott erwartet als die, die er sich verdient hat durch das Halten der Gesetze.

Diese Furcht wird ausgetrieben, wenn wir erkennen, daß Gott uns nicht darum liebt, weil wir ihn lieben und ihm dienen, sondern weil er uns liebt. Er liebte uns, als wir noch seine Feinde waren, und er spricht den Gottlosen um Christi willen gerecht.

Der Geist der Knechtschaft weicht dem kindlichen Vertrauen, das zuversichtlich und mit Freimut zum heiligen Gott aufschaut und »Vater!« sagt.

Gleichzeitig sagt uns die Schrift, daß es eine Furcht gibt, aus der der Sünder nicht *heraus*, sondern in die er *hinein* gerettet wird.

Diese Furcht hat man im Unterschied zu der eben genannten knechtischen Furcht als »kindliche Furcht« bezeichnet.

Der Ausdruck *kindlich* ist gut, denn diese Furcht ist typisch für Kinder, für die Söhne Gottes.

In Lukas 12,4 und den folgenden Versen spricht Jesus zu seinen Freunden über diese Furcht. Zuerst redet er von den verschiedenen Ängsten, die sie überwinden sollen. Und dann erwähnt er eine Furcht, die sie behalten sollen: »Ich will euch aber zeigen, vor wem ihr euch fürchten sollt: Fürchtet euch vor dem, der, nachdem er getötet hat, auch Macht hat, zu werfen in die Hölle. Ja, ich sage euch, *vor dem fürchtet euch.*«

Hier, so sagt Jesus, ist eine Furcht Gottes, die Raum im Jüngersein und in der Sohnschaft hat. Jesus weist darauf hin, daß es eine Verbindung gibt zwischen dieser Furcht und der Tatsache, daß Gott aller Sünde gegenüber ein verzehrendes Feuer ist. Daß er die Sünde so sehr haßt, daß er den Sünder, der sich von Gott nicht von seinen Sünden erretten lassen will, in die Hölle wirft.

Hier hat man den Eindruck, als sei die kindliche Furcht der knechtischen Furcht gleich, denn der Geist der Knechtschaft fürchtet sich auch vor Gottes Strafe und natürlich besonders vor der Hölle.

Aber auch hier erkennen wir bei genauem Hinsehen den großen Unterschied zwischen diesen beiden Arten der Furcht.

Knechtische Furcht hat nur Angst vor der Strafe. Sie sieht Gott als einen harten, strengen Herrn an, der nichts lieber tut als strafen.

Kindliche Furcht dagegen fürchtet nicht nur die Strafe, sondern die Sünde selbst; sie fürchtet schon den Gedanken, gegen Gott zu sündigen, dem Willen Gottes zu widerstehen, sein Herz zu betrüben.

Aus diesem Grunde sprechen manche statt von kindlicher Furcht von *Ehrfurcht.* Das ist wohl richtig. Kindliche Furcht schließt alles ein, was wir mit Ehrfurcht bezeichnen, von heiliger Hochachtung bis zu blinder Unterwerfung.

Wenn aber kindliche Furcht *nur* als Ehrfurcht definiert wird, dann wird sie in einer Weise eingeengt, die mit den Worten Jesu und Paulus unvereinbar ist. »Furcht und Zittern« sagt Paulus. Beide Ausdrücke bedeuten mehr als Ehrfurcht oder Achtung. Wenn Jesus seinen Jüngern sagt, daß sie den Gott fürchten sollen, der in die Hölle wirft, dann ist klar, daß er das Wort »Furcht« im direktesten Sinne meint, nämlich als waches Gefühl dafür, daß Gott *gefährlich* ist.

Genau hier ist der grundsätzliche Unterschied zwischen Furcht und Ehrfurcht. Ehrfurcht umschließt verschiedene Gefühle, aber keines davon beruht darauf, daß der Verehrte gefährlich ist.

Die Empfindung, die wir »Furcht« nennen, läßt hingegen augenblicklich an etwas Gefährliches denken. Und wenn Jesus sagt, daß wir Gott *fürchten* sollen, dann sagt er damit, daß es etwas *Gefährliches* um Gott ist.

Jeder Mensch, der sich Gott nähert, merkt, daß er sich in Gefahr begibt.

Aber wir müssen uns darüber klar sein, daß wir menschlichen Wesen Gott in jeder Hinsicht mißverstanden haben, auch im Hinblick auf seine Gefährlichkeit.

Wir wissen, daß es in Israel als gefährlich galt, Gott zu *sehen*, das heißt, eine Offenbarung von Gott zu empfangen. Das bedeutete Tod. In Richter 13,22 lesen wir: »Und Manoah sprach zu seiner Frau: Wir müssen des Todes sterben, weil wir Gott gesehen haben.« Lies auch Richter 6,22. Natürlich handelte es sich hier um Unverständnis. Das geht klar aus dem Bericht hervor.

Aber es lag Gott daran, seinem auserwählten Volk einzuprägen, daß er, der Herr, auch eine Gefahr darstellte und daß Israel ihn deshalb fürchten sollte. Je mehr er sich ihnen offenbarte, desto deutlicher wurde, daß das Gefahrenmoment bei Gott in seiner Heiligkeit lag, das heißt, in seinem Haß gegen die Sünde.

Darum ist Gott für Sünder gefährlich. Allerdings nicht für alle Sünder. Gott ist kein Gott, vor dem demütige, bußfertige und bekennende Sünder Angst haben müßten. Sie haben ja die Gnade in Anspruch genommen, die durch das Opfer des Neuen Bundes für sie zur Verfügung steht, und so die Versöhnung für ihre Sünden empfangen. Gott ist nur ihr barmherziger und liebender Heiland, der sie aus allen Gefahren rettet.

Aber Gott ist gefährlich für solche Sünder, die seine Gebote mißachten und das versöhnende Opfer Christi zurückweisen. Denken wir nun an Nadab und Abihu, die seinen Geboten ungehorsam waren und fremdes Feuer vor den Herrn brachten! Sie wurden auf der Stelle von dem Feuer verzehrt (3Mo 10,1-2). Oder denken wir an Korah, Datan und Abiram, die eine Empörung gegen Mose und Aaron anstifteten! Sie wurden vor den Augen des Volkes von der Erde verschlungen (4Mo 16,1-35).

Im Alten Bund hatte diese gefährliche Seite Gottes eine *äußere* Erscheinungsform. Im Neuen Bund fällt das volle Licht der Offenbarung auch auf die Seite der *Gefährlichkeit* Gottes. Jesus geht in dem oben erwähnten Abschnitt Lukas 12 darauf ein. Er sagt, daß die Gefährlichkeit Gottes seine Heiligkeit ist, welche Leib und Seele in die Hölle wirft, wenn der Sünder sein Heil verachtet und ablehnt. Jesus wollte, daß seine Jünger diese Gefahr ernst nahmen und fürchteten.

Doch ist diese Furcht eine kindliche Furcht, und sie stammt aus anderen Quellen als die knechtische Furcht. Sie kann nur von solchen erfahren werden, die die Gnade Gottes angenommen haben und die Liebe Gottes kennen. Diese Furcht wurzelt in unserer Kenntnis über Gott, dessen Liebe so groß ist, daß er Sünde nicht ertragen kann. Aus diesem Grunde *muß* er uns in die Hölle werfen, wenn wir seine rettende Gnade mißbrauchen.

Wir sehen auch, daß Jesus nicht nur von dieser Furcht sprach. Er selbst spürte sie in seiner eigenen sündlosen Seele. Jesus fürchtet nur eins, das aber fürchtete er wirklich: des Vaters Liebe zu mißbrauchen.

Jesus äußerte diese Furcht auf verschiedene Weise.

Zum Beispiel in seinen scharfen Worten an seine Mutter: »Weib, was geht's dich an, was ich tue?« (Jo 2,4). Zweifellos fühlte er, daß zu dem Zeitpunkt ihre Bitte für ihn eine Versuchung war, vor der vom Vater verordneten Stunde zu handeln.

Oder in seinen Worten an Petrus: »Gehe hinter mich, Satan« (Mt 16,23).

Als die Griechen zu Jesus kamen: »Jetzt ist meine Seele betrübt und was soll ich sagen?« (Jo 12,27).

Vor allem denken wir natürlich an die Angst seiner Seele in Gethsemane und am Kreuz.

Das tiefste Moment in der Angst Jesu während seiner Passion war ohne Zweifel die Angst vor den satanischen Versuchungen, die während dieser Zeit über seine einsame Seele herfielen. Zu dem Zeitpunkt fühlte er die Versuchung zum Ungehorsam mehr als zu jeder anderen Zeit.

Seine *Furcht* vor diesen Versuchungen war sicherlich der menschliche Ausdruck von Gottes ewigem *Haß* der Sünde gegenüber.

Die kindliche Furcht, die wir empfinden, ist ganz ähnlich.

Weil wir aus Gott geboren sind und der göttlichen Natur teilhaftig geworden sind, haben wir auch teil an Gottes heiligem Haß der Sünde gegenüber. In einem gewissenhaften Gotteskind zeigt sich das – ebenso wie bei Jesus – in der Furcht davor, in Sünde zu fallen oder gegen den Willen Gottes zu handeln.

Daß es sich hier um die kindliche Furcht handelt, zeigt sich darin, daß die Sünde gefürchtet wird, nicht nur die Folgen der Sünde. Die Sünde ist es ja, die uns von Gott trennt, von Gott abdrängt und – wenn wir darin verharren – uns mit Leib und Seele in die Hölle wirft.

Diese kindliche Furcht wird in der gläubigen Seele nicht kleiner, sondern mit der Zeit eher größer. Sie ist am stärksten, wenn ein

Gläubiger ein reiches Leben in Gott führt. Je mehr er aus Gnaden lebt und je besser er die Gnade in ihrer vergebenden und umwandelnden Macht kennenlernt, um so mehr fühlt er seine *Gefährdung, die Gnade zu mißbrauchen.*

Ohne Zweifel dachte Paulus daran, als er die Worte schrieb: »Schaffet eure Seligkeit mit Furcht und Zittern, denn Gott ist es, der in euch wirkt beides, das Wollen und das Vollbringen.« Die Tatsache, daß Gott vom ersten bis zum letzten alles schafft, ruft in uns die tiefste Furcht hervor.

Furcht und Liebe

Jede seiner Erkärungen zu den zehn Geboten beginnt Luther mit den Worten: »Wir sollen Gott fürchten und lieben und...«

Nun gibt es heute Christen, die behaupten, Luther habe sich da wohl geirrt. Sie streichen das »Fürchten« durch und sagen, es genüge doch, daß wir Gott lieben.

Wenn jedoch die Menschen unserer oberflächlichen Generation die Bibel so gründlich läsen, wie Luther es getan hat, dann würden sie einsehen, daß Luther recht gehabt hat. Er hat gesehen, daß die Liebe zu Gott die Furcht nicht ausschließt, sondern daß eins das andere festigt. Er hat erkannt, daß in der Liebe etwas liegt, das auch gefürchtet werden muß; daß in der Gnade eine Gefahr liegt, ja, daß letztlich nichts gefährlicher ist als die Gnade Gottes.

Je größer das Gute in unserem Leben ist, um so gefährlicher wird es für uns, wenn wir es *mißbrauchen.* Und da Gottes Gnade das größte Gut ist, ist sie gefährlicher als alles andere, wenn wir sie mißbrauchen.

Dies ist die ständige Gefährdung unseres Lebens bis zu unserem letzten Atemzuge. Solange ein Christ auf der Hut ist, wird er sein Leben in »Furcht und Zittern« verbringen, so wie der Apostel uns ermahnt.

Gottes Werk und unser Werk

»Schaffet, daß ihr selig werdet . . ., denn Gott ist's, der in euch wirkt beides, das Wollen und das Vollbringen.«

Auch diese Worte erscheinen denen, die in dieser Sache keine *Erfahrung* haben, voll Widerspruch. Aber für einen Gläubigen sind sie eine wunderbare Beschreibung seiner tiefsten Erfahrungen. Er weiß, daß Gott es ist, der in ihm wirkt; von Anfang bis

Ende kann er von ganzem Herzen bestätigen, was Paulus sagt: »Gott ist alles in allem.«

Alles ist von Gott: Schöpfung, Erlösung, Taufe, Berufung, Buße, Glaube, Wiedergeburt und Heiligung. Alles, was im Gläubigen geschehen ist, hat Gott bewirkt – auch das, was in seinem Willen stattgefunden hat. Dies ist das Geheimnis des Lebens in Gott, daß Gott in unserem Willen wirkt und den Widerstand allmählich überwindet. Er wirkt so lange, bis wir frei und aus eigenem Entschluß die Dinge wollen und wählen, die in Übereinstimmung mit Gottes Willen sind.

Unsere Erlösung vollzieht sich ganz ähnlich. Wir sind täglich unter dem Einfluß des formenden und verändernden Willens Gottes. Wir *verlieren* unsere Seelen, wenn wir uns selbst diesem transformierenden Einfluß des Willens Gottes entziehen (Hebr 10, 38–39). Das erklärt das Wort des Apostels: »Schaffet... Gott ist's, der in euch wirkt!«

Es gibt also bezüglich der Errettung unserer Seelen etwas für uns zu tun. Diese Arbeit besteht nur aus dem einen: Uns nicht der verändernden Kraft des Willens Gottes zu entziehen, wenn sie an unserem Willen arbeitet. Unsere Aufgabe ist es, darauf zu achten, Tag für Tag empfänglich zu sein für den Einfluß und das Werk Gottes in unserem Leben. Es ist unsere Sache, darauf zu achten, daß weder Oberflächlichkeit noch Eifer, weder irdische Gesinnung noch das Beschäftigtsein mit unseren eigenen Angelegenheiten, weder Stolz noch Entmutigung, weder Mühe noch Rast uns trennen von dem ständigen Zufluß der göttlichen Kraft.

Wenn jemand sich bestrahlen lassen muß, hat er auch eine ganz bestimmte Aufgabe: Er muß den kranken Teil seines Körpers der heilenden Kraft der Strahlenquelle aussetzen. Die Heilung selbst wird von den Strahlen bewirkt und nicht von den Sorgen, Anstrengungen, Gedanken, Gefühlen oder Bemühungen des Patienten.

Daß wir das doch lernen könnten, wenn es sich um die größte Heilkraft handelt, nämlich den Willen Gottes!

Nun bedient sich Gott bestimmter *Mittel*, wenn er in uns wirkt. Vor allem der Gnade, des Wortes und des Sakramentes. Unsere Sache ist es darum, diese Mittel ständig in Anspruch zu nehmen. Das heißt, wir müssen Gott die nötige Zeit und Gelegenheit geben, uns mit der rettenden, lebensspendenden und heiligen Macht Seines Willens zu erreichen.

Wir werden die sog. Gnadenmittel ganz anders in Anspruch nehmen, wenn wir beginnen, sie in diesem Licht zu sehen. Es bedeutet nicht, daß es meine Sache ist, irgend etwas Verdienstvolles für Gott zu tun, indem ich die Bibel lese, zum Abendmahl gehe, bete oder in der Gemeinschaft der Heiligen aktiv bin. Es ist vielmehr die Macht der Gnade Gottes, die in uns durch diese Mittel etwas schafft.

Auch im Kampf gegen die Sünde ist Gott derjenige, der alles wirkt, das Wollen und Vollbringen. Unsere Arbeit besteht darin, daß wir uns nie aus dem Licht Gottes *zurückziehen* und unsere Sünden weder verbergen noch entschuldigen. Jedes Mal, wenn wir unsere Sünden *bekennen*, gewinnt Christus Gelegenheit, in uns zuerst die Vergebung und dann die Befreiung zu bewirken. Wir wissen, daß sich die Befreiung Schritt für Schritt während unseres ganzen Lebens entwickelt. Oft sehen wir keinerlei Fortschritt, trotzdem werden wir nach und nach von unserer Sündhaftigkeit befreit, wenn wir treu unsere Niederlagen bekennen. Das gibt Christus wieder Zugang zu unserem Willen.

Auch wenn es um den Dienst des Herrn geht, wirkt Gott in uns. Unser Werk in dieser Hinsicht ist es, uns vom Geist *führen* und von der Liebe Christi *drängen* zu lassen (Rö 8,14; 2 Kor 5,14).

Dann erleben wir, was der Apostel meinte, als er schrieb: »Wir sind sein Werk, geschaffen in Christus Jesus zu guten Werken, welche Gott zuvor bereitet hatte, daß wir darin wandeln sollten.«

Das vermittelt unserem Dienst im Reich Gottes einen besonderen Geist der Ruhe und Sicherheit. Es bewahrt uns vor unfruchtbarer Geschäftigkeit und Großspurigkeit und lehrt uns, daß es nicht darauf ankommt, *was* wir tun, sondern *wie* wir es tun.

Es gibt uns auch heilige Verantwortung. Gott will durch uns wirken. Er will seine wunderwirkende Kraft durch uns an andere um uns her vermitteln. Wir dürfen die Verbindung zwischen uns und Gott nie unterbrechen lassen, damit wir Kanäle bleiben für einen ungestörten Kraftzufluß von oben.

Paulus sagt zu Timotheus: »Übe dich in Gottseligkeit.«

Falls du, lieber Leser, dich so wenig in der Gottseligkeit geübt hast wie ich, dann wollen wir augenblicklich ernstlich damit beginnen!

Und laßt uns beginnen, indem wir der Anweisug unseres Herrn folgen: »Bittet, so wird euch gegeben!«

Glaube und Gewißheit

Wenn wir aber unsere Sünden bekennen, so ist er treu und gerecht, daß er uns die Sünden vergibt und reinigt uns von aller Untugend.

1. Johannes 1,9

Mit diesem Kapitel wende ich mich an suchende, trauernde und fragende Seelen, denen ich helfen möchte. Wie sie äußerlich aussehen, kann ich nicht sagen. Aber ich weiß ein wenig, wie es in ihnen aussieht.

Vier Merkmale kennzeichnen sie:

1. Sie haben gewählt.

Sie hinken nicht mehr auf beiden Seiten und versuchen nicht, ein wenig religiös zu sein, wenn es die Gelegenheit erfordert, oder ein wenig weltlich zu sein, wenn *das* günstiger ist.

Sie haben sich entschieden, mit dem Volk Gottes Ungemach zu leiden. Das allein ist schon eine große Freude. Ihr, die ihr gewählt habt, legt das Buch für einen Augenblick beiseite und dankt Gott aus der Tiefe eurer Seele dafür, daß ihr durch das enge Tor der Entscheidung getreten seid!

2. Sie sind Menschen, die sich selbst nichts vormachen.

Sie haben ein heiliges Mißtrauen gegen sich selbst. Ständig fürchten sie, Betrug und Falschheit könnten sich in ihr Herz und Leben einschleichen. Wenn sie dazu in der Lage wären, würden sie ihr Herz umkehren, um ganz sicher zu sein, daß sie nichts verstecken und daß sie nicht versuchen, auch nur eine einzige Sünde in ihr geistliches Leben zu schmuggeln.

3. Sie haben in ihrem Christenleben richtig angefangen.

Sie fingen an, indem sie ihren sündigen Gewohnheiten, die sie zu Hause Tag für Tag praktiziert hatten, den Kampf ansagten. Und das genügt, um uns zu lehren, was es heißt, unter der Sünde zu leiden. Jeden Tag erkennen sie, daß sie Gott nicht lieben. Sie merken, daß sie sich selbst über alles lieben. Darüber hinaus fühlen sie, daß sie kein Bedauern und keine Gewissensbisse kennen, ja, daß ihre Herzen eiskalt unnd steinhart sind.

4. Sie lesen die Bibel.

Sie lesen sie jeden Tag, ob sie danach Verlangen haben oder nicht. Und in der Bibel lesen sie, daß Gott gnädig ist, ja, daß es seine größte Freude ist, Sünder zu erretten.

Aber mancher wird jetzt fragen: »Willst du etwa behaupten, Leute wie diese seien suchende, trauernde, fragende Seelen? Das müssen doch Christen sein, die im Herrn froh geworden sind und die der Sohn in Wahrheit frei gemacht hat, falls sie so sind, wie du sie vorhin beschrieben hast!«

Gewiß, einige von ihnen sind das auch. Aber nicht alle. Eigenartig!

Wenn du sie fragst, warum sie nicht glücklich sind, wirst du angeblich eine Antwort bekommen. Und sie wird lauten: »Wenn ich nur *glauben* könnte! Aber da ich nicht glauben kann, was nützt mir die Gnade Gottes?«

Das ist wirklich erstaunlich!

Das große Mißverständnis

Als Gott den Plan der Erlösung für sündige Menschen erdachte, mußte er diesen so *einfach* wie möglich machen. Darum wählte er den Weg des *Glaubens.* Sünder werden durch Glauben selig. Andernfalls würde keiner von uns die Herrlichkeit erreichen.

Doch wir haben die ganze Sache so entstellt, daß suchende Seelen kaum etwas Schwierigeres kennen als zu glauben.

Das ist sonderbar.

Da steht auf der einen Seite ein Sünder, der nichts lieber tun würde, als sich mit all seiner Schuld dem Heiland zu übergeben. Auf der anderen Seite steht Gott, dessen größtes Verlangen es ist, diese müde, kranke Seele an sein liebendes Herz zu nehmen.

Und diese beiden sollen sich nicht finden können, obgleich beide ernsthaft danach verlangen? Weil es da einen kleinen Mechanismus gibt, den wir »Glauben« nennen, und weil Gott einer armen Seele nicht helfen kann, so sehr er das auch möchte, bis dieser Mechanismus richtig funktioniert?

Da muß doch irgend etwas nicht stimmen!

Meiner Beobachtung nach hat die Predigt über den Glauben zwei Richtungen eingeschlagen.

Die Predigten der älteren Generation betonen sehr stark, daß der Glaube eine Gabe Gottes ist, die wir zu der Stunde empfangen, die Gott festgelegt hat. Die Prediger sagten den suchenden Seelen: »Ihr müßt *warten*; wenn Gottes Stunde kommt, werdet ihr Glauben *empfangen*!«

Dann tauchte eine neue Richtung auf. Man fragte: »Wo sagt die

Bibel, daß man warten soll, bevor man glauben kann? Nirgendwo! Ganz in Gegenteil! Sie sagt: ›Glaube an den Herrn Jesus, so wirst du und dein Haus selig!‹ (Apg 16,31). Glaube *jetzt,* und du *bist* errettet!«

Die Prediger dieser Schule fügen zuweilen noch hinzu: »Warum betrübst du Jesus weiterhin durch deinen Unglauben?« Einige gehen sogar noch weiter und sagen: »Du kannst der Vergebung deiner Sünden um Jesu willen sicher sein. Aber wenn du nicht glaubst, bist du schon gerichtet, denn du glaubst nicht an den Namen des eingeborenen Sohnes Gottes.«

Diese beiden Darstellungen des Glaubens sind offensichtlich sehr verschieden. Eines haben sie jedoch gemeinsam: Beide verwechseln Glauben und Gewißheit und stellen sie als ein und dasselbe dar.

Wenn die ältere Generation der Prediger sagte: »Warte auf Gottes auserwählte Zeit, und dann wird dir *Glaube* zuteil«, da meinten sie *Gewißheit.*

Und wenn die Prediger der neueren Zeit sagen: »Glaube jetzt, und du wirst errettet«, meinen sie: »Du wirst Gewißheit empfangen.«

Und so versuchten dann die suchenden Seelen mit aller Macht, Gewißheit zu erlangen. Sie beherzigten all die wohlgemeinten Ratschläge, die man ihnen erteilte. Sie versuchten, ihre eigenen Namen in Jesaja 53,5 und in viele andere Bibelverse einzusetzen. Aber sie sahen keinen Erfolg. Ihre Last wurde nur noch schwerer.

Glauben heißt...

Wenn ich nun versuche, einige Worte über den Glauben zu sagen, möchte ich mit 1 Jo 1,9 beginnen: »Wenn wir aber unsere Sünden bekennen, so ist er treu und gerecht, daß er uns die Sünden vergibt und reinigt uns von aller Untugend.«

Gewiß, Glaube wird hier nicht erwähnt.

Aber andererseits sagt mir dieser Absatz klarer als jedes andere Wort der Bibel, *was ich tun muß,* um errettet zu werden.

In diesem Abschnitt ist von Vergebung der Sünden die Rede, und es ist doch jedem klar, daß jeder, der die Vergebung seiner Sünden erlebt hat, errettet ist.

Was muß ich selbst tun, um die Vergebung der Sünden zu erlangen?

Die Antwort ist klar: »Wenn wir bekennen!«

Mehr nicht.

Das ist einfach, nicht wahr?

Nun kann es sein, daß der Leser nachdenklich fragt: »Wo wird denn hier Glaube erwähnt? Kann ein Mensch ohne Glauben errettet werden?«

Nein, das geht nicht. »Ohne Glauben ist es unmöglich, Gott zu gefallen« (Hebr 11,6). Folglich muß in diesem Abschnitt, »Wenn wir unsere Sünden bekennen, so ist er treu und gerecht, daß er uns unsere Sünden vergibt und uns reinigt von aller Untugend«, irgendwo der Glaube eingeschlossen sein.

Aber wo?

Wenn es uns gelingt, in diesem Abschnitt den Glauben aufzuspüren, haben wir das Problem des Glaubens gelöst.

Antwort: Der Glaube ist im Bekennen enthalten.

Das wird einsichtig, wenn wir nur ein wenig darüber nachdenken.

Wenn die einzige Bedingung für unsere Sündenvergebung, die wir selbst erfüllen müssen, das Bekennen unserer Sünden ist, und wenn wir gleichzeitig vom Wort her wissen, daß man nur durch Glauben errettet werden kann, dann folgt daraus, daß der Glaube im Bekennen eingeschlossen sein *muß*.

Das wirft sofort ein neues Licht auf das Problem des Glaubens.

Glauben heißt dann, dem Retter Jesus Christus die Sünden bekennen. Rettenden Glauben hat der, der Jesus Christus so sehr vertraut, daß er zu ihm geht und ihm seine Sünden bekennt.

Nun frage ich dich, der du nie hast »glauben« können: »Hast du deine Sünden jemals vor Gott bekannt?«

»Ja, das habe ich«, sagst du. »Ich tat das vor langer Zeit, und seitdem habe ich es unzählige Male getan.«

Sehr gut! Nun lies den Vers noch einmal. Und dann wirst du sehen, daß du schon errettet *bist;* du *bist* ein Gotteskind.

Ich habe das Recht, dir aufgrund von Gottes Wort die gnädige Vergebung aller deiner Sünden zuzusprechen. Kein Mensch kann Sünden vergeben. Das kann nur Gott. Aber Menschen dürfen einander die Vergebung *zusprechen,* die Gott schon gewährt hat.

Du bist also errettet, selbst wenn du im Augenblick nicht viel von der Freude, dem Frieden oder der Gewißheit fühlst, die mit dem Heil verbunden sind.

In diesem Punkt hast du den Glauben falsch verstanden.

Die ganze Zeit hast du davon geredet, ob du *dich gerettet glauben* kannst oder nicht, ob du dich als Kind Gottes glauben kannst oder nicht. Die Schrift sagt davon nichts. Sie spricht nur vom *Glauben an Christus*, oder – was dasselbe ist – vom Vertrauen auf Gott.

Du hast gemeint, die Erlösung würde in deinem Inneren stattfinden, und als ein Kind Gottes würdest du wunderbare Gefühle wie Freude, Friede und Gewißheit spüren, sobald du die Erlösung empfangen hast.

Falsch! Die Vergebung spielt sich nicht *in dir*, sondern *im Himmel* ab.

Laß mich einige Bilder der Bibel benutzen, um zu beschreiben, was im Himmel geschieht, wenn Gott Sünden vergibt.

Hier auf der Erde ist es in der Regel keine große Sensation, wenn ein Sünder von seiner Schuld überführt wird und zur Erlösung durchdringt. Im Himmel wird das jedoch mit größtem Interesse verfolgt (lies Lk 15,7 und 10; Hebr 12,1).

Vom Himmel aus hat man dich von dem Augenblick an beobachtet, als du in dem Licht stille standest, das dich zum geistlichen Erwachen führte. Man sah, wie du umkehrtest und auf das helle, durchdringende Licht zuzugehen begannst. Je weiter du gingst, desto schlimmer erschien dir dein Leben. Du erkanntest immer neue Sünden bei dir. Zuletzt sahst du nichts als Sünde. Was immer du auch sagtest oder tatest, es war sündig. Wenn du gewisse Dinge unterließest, dann war auch das Sünde. Als du vor Gott in dem blendenden Licht standest, merktest du, daß in deiner Seele noch nicht einmal Reue war. Sogar der Wille, errettet zu werden, war nicht vorhanden. Dein Herz war gegen sich selbst gerichtet. Darüber hinaus sahst du, daß du durch eigene Kraft deine Lage nicht ändern konntest.

Und was tatest du dann?

Du tatest das, wozu sich jede aufrichtige Seele in solcher Not flüchtet. Du tatest, was ein Mensch tut, der ins Wasser gefallen ist und zu ertrinken droht. Du schriest mit aller deiner Kraft. Ohne Zweifel riefst du so wie Petrus: »Herr, rette mich!«

Dann geschah es.

Er, der den ganzen Vorgang beobachtet hatte, er, der ihn verursacht, geleitet und gelenkt hatte, er kam. Liebevoll umfing er dich mit seiner durchgrabenen Hand, hob dich aus dem Schlamm, wusch dich und machte dich rein in seinem eigenen Blut.

Dann nahm er das himmlische Buch, in dem deine Sünden von der größten und häßlichsten bis zur allerkleinsten aufgeschrieben waren, und löschte sie alle mit seinem Blut aus.

So machte er alle Anklagen gegen dich zunichte. Du hattest nun keine Schuld mehr.

Doch er tat noch mehr, sagt die Bibel. Er nahm alle deine Sünden und warf sie hinter sich in das tiefste Meer.

Mit diesem einfachen Bild will er dir erklären, daß er deiner Sünden nie mehr gedenken will. Auch dich will er nie wieder an sie erinnern.

Dann holte er das Buch des Lebens hervor und schrieb deinen Namen hinein.

Du warst ein *Kind Gottes* geworden. Gott selbst hatte das mit einer Autorität erklärt, die weder auf Erden noch in der Hölle angezweifelt werden kann.

Dabei spielte es keine Rolle, was du fühltest. Du warst jetzt ein Kind Gottes, ungeachtet deiner Gefühle, selbst wenn du gar nichts fühltest!

Deine Erlösung stützt sich ja nicht auf deine Gefühle, sondern darauf, was Gott seinem unveränderlichen Wort gemäß für Sünder tut, nämlich das, was Christus durch sein Leiden und seinen Tod für Sünder vollbracht hat.

»Wenn wir bekennen...«

Aber vielleicht bist du ja immer noch nicht ruhig. Gewiß, du kennst das Bibelwort, nach dem Gott uns unsere Sünden vergibt, wenn wir sie ihm bekennen. Doch du fragst dich: »Habe ich bekannt? Ich habe mit Gott im Gebet über meine Sünden gesprochen. Aber kann ich ganz sicher sein, daß ich das getan habe, was die Schrift unter ›bekennen‹ versteht?«

Um dir zu helfen, möchte ich dir jetzt eine Frage stellen. Sicherlich erinnerst du dich an die Zeit, als du als Kind etwas falsch gemacht hattest. Du standest vor deinen Eltern und wolltest deinen Fehler bekennen. Und nun frage ich dich: »Hast du jemals daran gezweifelt, ob du wirklich bekannt hast oder nicht?« Nein. Du wußtest ganz genau, daß du wirklich bekannt hattest.

Wieso?

Weil das Bekennen eine sehr einfache Sache war – du brauchtest nur der Wahrheit gemäß zu sagen, was du angestellt hattest.

Darauf warteten deine Eltern. Sie interessierten sich nicht besonders dafür, ob du weintest oder wie du dich benahmst. Ihre liebenden Augen schauten nur nach einem aus, nämlich danach, ob der kleine Missetäter die ganze Wahrheit erzählte. Weißt du noch, wie sie sich freuten, sobald du ihnen alles erzählt hattest? Sie drückten dich an ihr Herz und sagten, daß nun alles vergessen und wieder gut sei.

Gott die Sünden zu bekennen, ist nicht schwieriger. Er erwartet nur, daß du deine Sünden in dem Maße zugibst, wie sie dir dein Gewissen bewußtmacht.

Wenn du das getan hast, dann hast du bekannt. Und die Bibel sagt, daß du Vergebung der Sünden hast. Danke ihm dafür. Tue es jetzt gleich. Erfreue sein Herz durch deine Dankbarkeit!

Aber manch eine empfindsame Seele fürchtet immer noch, daß sie sich selbst betrügen könnte, und fragt: »Habe ich denn auch *alles* bekannt?«.

Ich verstehe gut, warum du fragst. Du hast seit deiner Bekehrung gewisse Erlebnisse gehabt, die dich an dieser Stelle zweifeln lassen.

Für eine Weile hast du mit Gott gelebt und gedacht, du hättest ihm alles bekannt. Plötzlich, eines Tages – oder eines Nachts vielleicht – fiel dir eine Sünde ein, vielleicht eine Sünde gegen eine gewisse Person, die du noch nicht bekannt hattest. Oder du erkanntest, daß du in einer Sünde lebtest, die du vorher einfach nicht als Sünde erkannt hattest. So blind warst du gewesen.

Du wurdest unruhig und fragtest dich: »Wenn ich solche Dinge bei meinem Sündenbekenntnis übersehen habe, wie steht es dann mit meinem ganzen Bekenntnis? Vielleicht ist alles nichts als Selbstbetrug.«

Laß mich dir hier wieder helfen, indem ich dir eine Frage stelle: »Kannst du dich an eine Sünde erinnern, die du mit Wissen und Willen vor Gott verbergen wolltest, das heißt, die du nicht bekennen wolltest?«

Ohne Zweifel wirst du mir antworten, wie mir schon so viele geantwortet haben: »Nein; meinst du ich würde so etwas tun?«

Nein, ich glaube nicht, daß du es tun würdest. Doch ich wollte, daß du dir deiner Sache ganz sicher würdest. Denn jeder, der alles bekennt, was er weiß, und nicht bewußt und mit Willen etwas vor Gott verbergen will, hat ein echtes Bekenntnis abgelegt.

Daß du später deine Sündhaftigkeit mehr und mehr erkennst, so wie sie im Laufe deiner Erfahrungen ans Licht kommt, ist eine andere Sache. Das geschieht, weil der Heilige Geist uns unsere Sünden ständig zeigt. Wir selbst können unsere Sünden weder erkennen noch bedauern. Es ist der Geist, der »die Welt überführt von der Sünde«, so sagt Jesus.

Während unserer Erweckung und Bekehrung sehen und bereuen wir nur die Sünden, die der Heilige Geist uns zeigt. In den meisten von uns arbeitet der Geist so, daß er uns *nicht* alle unsere Sünden gleichzeitig zeigt – vermutlich weil wir es nicht ertragen könnten, alle mit einem Mal zu sehen.

Es sollte uns also nicht beunruhigen oder verwirren, daß uns in zunehmendem Maße Sünden bewußt werden, die wir vorher nie erkannt hatten. Gott ist besonders freundlich zu uns, indem er uns so behandelt. Auf diese Weise raubt Gott seinen Kindern nicht ihren Frieden und ihr Vertrauen.

Genauso verfahren wir auch mit unseren Kindern. Wir möchten sie nicht in einem dauernden Zustand der Verschüchterung und Angst sehen. Sie sollen sich nicht ständig fragen müssen, ob ihr Vater oder ihre Mutter etwas gegen sie haben. Wir möchten, daß sie zu Hause froh und glücklich sind. Wir sagen ihnen, daß wir sie darauf aufmerksam machen werden, wenn etwas sündig oder falsch ist, und daß sie selbst auch achtgeben sollen. Und wir sagen ihnen auch bei diesem Gespräch, daß wir erwarten, daß sie auf uns hören und ihre Fehlhaltung einsehen.

So handelt auch unser himmlischer Vater mit seinen Kindern.

Er sagt zu dir: »Du hast Christus geschenkt bekommen. Sei froh und frei. Du brauchst im Leben und im Tode nichts anderes. Geh deinen Weg mit Dankbarkeit im Herzen und einem Loblied auf den Lippen. Verrichte deine täglichen Arbeiten hoffnungsvoll und froh. Die Sünde klebt dir an und erweckt allerlei Lust in dir, aber sei guten Mutes und fürchte dich deswegen nicht. Mein Geist wird dich warnen und dich bewahren, daß du nicht in Versuchung fällst. Und wenn es geschehen sollte, daß du fällst, dann wird mein Geist mit dir über deine Sünden sprechen, bis du sie bereust und bekennst und du dann wieder zurechtgebracht wirst und dir vergeben wird.«

Handelt Gott nicht freundlich an uns?

Glaube und Gefühl

Nach allem, was wir uns inzwischen klargemacht haben, ist es leicht einzusehen, daß der Glaube keine Sache der *Gefühle* oder Empfindungen ist, wie viele Menschen irrtümlich annehmen.

Solange man Glauben hauptsächlich als Gefühlssache ansieht, hat er so etwas Unstetes und Launisches an sich. Er gleicht einem Glücksspiel: Wenn du Glück hast, gewinnst du einen großen Preis. Und wenn du nicht gewinnst, kannst du auch nichts daran ändern. Wenn du Glück hast, klappt es mit deinem Glauben. Wenn er nicht funktioniert, kannst du auch nichts daran ändern. So denken einige Leute.

Aber das ist ein totales Mißverständnis. Der Glaube ist wie die Buße eine Angelegenheit des *Willens*. Das zeigt die Schrift ganz klar.

Erstens wird das klar durch die *Ermahnung* der Schrift: »Glaube an den Herrn Jesus Christus...« Eine Ermahnung ist immer an den Willen gerichtet.

Zweitens kann man es klar daran erkennen, daß in der Schrift vom »Gehorsam des Glaubens« gesprochen wird (Römer 1,5; 16,26). Alles, was mit Gehorsam zu tun hat, ist natürlich eine Sache des Willens.

Endlich beweist auch die Tatsache, daß die Schrift *Unglauben* als *Ungehorsam* bezeichnet, daß Glaube eine Sache des Willens ist. Der Ausdruck, der im griechischen Neuen Testament gebraucht wird, um Unglauben zu beschreiben, bedeutet in normalem Griechisch »Ungehorsam«. Wenn der Unglaube Ungehorsam ist, dann muß Glaube Gehorsam sein. Und beides, Gehorsam und Ungehorsam, ist eine Sache des Willens.

Da nun Glaube eine Sache des Willens ist, muß er eine Entscheidung einschließen. Was bedeutet Entscheidung in Verbindung mit Glauben?

Nach dem, was wir bisher gesagt haben, können wir folgendes antworten: Die Entscheidung ist die, ob ich mich vom Geist überführen lasse und meine Sünden bekenne, oder ob ich mich *zurückziehe* vom Wirken des Geistes und darum auch von der Versöhnung mit Gott.

Nun kann ich mir vorstellen, daß hier und da jemand dieses

Buch mit tiefer innerer Unruhe liest. Du hast dich vielleicht schon gefragt: »Wenn der Glaube als Willenssache bezeichnet wird, kommen wir dann nicht in Konflikt mit der Bibel, die sagt, daß der natürliche Mensch ganz und gar unfähig ist, göttliche Dinge zu verstehen – und zu tun? Hat nicht auch Luther betont, daß ich nicht aus eigenem Verstand oder eigener Kraft an Jesus Christus glauben kann?«

Auf den ersten Blick scheint hier ein Widerspruch zu sein. Darum wollen wir uns ein wenig ausführlicher damit beschäftigen.

Wenn wir sagen, daß der Glaube eine Sache des Willens ist, wollten wir damit nicht behaupten, daß der natürliche Mensch aus eigenem Willen glauben kann. Weit gefehlt!

Wenn es etwas gibt, was der natürliche Mensch aus sich selbst nicht tun kann, dann ist es, *an Gott* zu glauben. Er kann an Menschen, an Tiere, an Geld glauben, und es scheint fast so, als könnte er an den Teufel glauben. Aber an Gott?

Nein, Menschen sehen ihn als ein gefährliches Wesen an und halten sich so weit von ihm entfernt wie sie eben können.

Kein Wunder ist so unbegreiflich groß, wie das, wodurch Gott ein feindliches und rebellisches menschliches Herz überredet, an ihn zu glauben.

Das tut er durch das schöpferische Wunder, das wir »Erwekkung« nennen. Dadurch ruft Gott den Menschen in solcher Weise, daß er sich von dem lebendigen Gott angezogen fühlt und vor seine alles durchdringenden Augen gebracht wird.

Nachdem das geschehen ist, spricht Gott weiter zu diesem Menschen, der sein Leben früher in Oberflächlichkeit verbracht hat. Er spricht zu ihm über seine Sünde und über die Erlösung, die er vollbracht hat, und er sagt ihm, daß er bereit ist, ihn zu erretten.

Nun geht es um die Entscheidung des Glaubens. Der Sünder flieht entweder vor Gott und der Versöhnung mit ihm, oder er folgt Gottes Ruf und bekennt seine Sünden.

Diese Entscheidung ist die Entscheidung des *Glaubens.* Das heißt, hier ist eine Entscheidung, die im Glauben gefällt werden muß eine Entscheidung, die aus dem Glauben hervorgeht. Diese Entscheidung ist allein aus Glauben, ganz und gar ein Wagnis, das sich auf den Glauben gründet.

Die alten norwegischen Haugianer hatten eine außergewöhnlich gute Art, dies auszudrücken. Sie sagten: »Glauben heißt: mit deinen Sünden zu Christus kommen.«

Es ist kaum möglich, es kürzer, einfacher oder umfassender auszudrücken.

Hier sind alle Elemente, aus denen der Glauben besteht. Glauben heißt auf *Christus* vertrauen. Und Glauben ist das Flüchten des Sünders mit allen *Sünden* zu Christus. Und Glauben ist auch eine Sache des *Willens.* Glauben ist nichts anderes, als mit jeder unserer Sünden zu Christus zu kommen.

Ein Bild

Christus ist es, der Sünder rettet. Und der Sünder braucht Christus beim Werk der Errettung nicht zu helfen. Christus braucht keine *Unterstützung.* Alles, war er braucht, ist *Zugang.* Und diesen erhält er durch den Glauben. Wenn der Sünder mit seinen Sünden zu Christus kommt, gewinnt Christus Zugang zu ihm und rettet ihn.

Laß mich diesen Aspekt des Glaubens mit einer Illustration erklären.

Angenommen, du bist krank. Die Krankheit zieht sich in die Länge, und endlich empfiehlt dir dein Arzt, einen Spezialisten aufzusuchen. Das tust du. Der Spezialist gibt sich große Mühe und untersucht dich gründlich. Als er endlich fertig ist, trägt sein Gesicht einen ernsten Ausdruck. Schließlich sagt er:

»Dies ist ein sehr schwerer Fall, und ich bin nicht sicher, ob wir Sie erfolgreich behandeln können. Um überhaupt Erfolg zu haben, müssen Sie sich operieren lassen. Schon jetzt muß ich Ihnen sagen, daß es eine schwere Operation sein wird. Auch kann ich nichts über den Ausgang sagen.«

Nun frage ich dich, was mußt du nun tun, um operiert zu werden?

Erwartet der Chirurg, daß du die Ruhe selbst bist und keine Zweifel am Resultat der Operation hast? Sollst du gar ihn beruhigen und sagen: »Lieber Herr Doktor, Sie müssen das nicht so ernst nehmen; es wird schon alles gut werden«?

Nein, natürlich nicht.

Oder rechnet er wohl damit, daß du froh und munter dasitzest, weil du bald operiert werden wirst?

Nein. Er erwartet nichts anderes, als was er zu sehen gewohnt ist: ein krankes, sorgenvolles, vielleicht verzweifeltes menschliches

Wesen, das still dasitzt, während ihm große Tränen über die blassen Wangen rollen.

Aber *eines* erwartet er doch von dir, und wenn du das nicht tust, kann er dich nicht operieren. Er erwartet, das du zu ihm sagst: »Ja, versuchen Sie's, Herr Doktor.«

Das ist es, was er von dir benötigt: Vertrauen, so daß du ihm deinen Körper mit all seinen Krankheiten anvertraust.

Und achte darauf: du *wirst* operiert. *Er* wird dich operieren. Du wirst nur als Objekt dabeisein.

Du brauchst ihm nicht zu helfen. Ganz im Gegenteil, er wird dafür sorgen, daß du während der Operation nicht im geringsten stören kannst. Du wirst eine Narkose bekommen und ganz passiv sein.

Erst dann beginnt er zu operieren.

Die Operation ist vorbei. Du wirst in das Zimmer gefahren, in dem du liegen sollst. Nach einer Weile beginnst du aufzuwachen. Wenn der Chirurg alles erledigt hat, kommt er einen Augenblick in dein Zimmer. Er sieht zufrieden aus und sagt: »Verhalten Sie sich so ruhig wie möglich. Es wird ihnen bald besser gehen.«

Nun ist es leicht, ruhig zu bleiben – aus dem einfachen Grund, weil du dich nicht bewegen kannst. Aber besser gehen? Unmöglich! Vorher warst du krank, nun geht es dir schlechter als je.

Am nächsten Tag kommt der Arzt und sagt: »Alles ist bestens in Ordnung!«

Was er nicht sagt! Gestern war es schlecht, aber heute ist es viel schlimmer – nach der schrecklichen Nacht. Die große Wunde beginnt nun zu schmerzen und dich zu schwächen. Am nächsten Tag kommt der berühmte Chirurg wieder und wiederholt, daß alles in bester Ordnung sei.

Wirklich, jetzt muß du selbst zugeben, daß es ein *wenig* besser geht.

Und nachdem 8 bis 14 Tage vergangen sind, bist du ganz einig mit dem Arzt. Dein Leben ist gerettet. Er hat es gleich gewußt, aber du hast daran gezweifelt, bis die Schmerzen allmählich nachließen. Daran erkanntest du, daß die Ursache deiner Krankheit beseitigt war.

Ohne Zweifel weißt du, worauf ich hinaus will. Die Ähnlichkeit zwischen der Operation und der Errettung einer Seele ist verblüffend.

Unsere Seelen sind auch krank. Todkrank. Sie können nur durch eine große Operation gerettet werden. Es gibt nur einen Chirurgen, der sie durchführen kann, der Heiland der Seelen, Jesus Christus. Und er weiß, wie er es zu machen hat. Noch nie ist ihm eine Operation mißlungen.

Was haben wir jetzt unsererseits zu tun, damit er uns operieren kann?

Zuerst muß uns klar sein, daß wir krank sind. Dann müssen wir mit unseren Sünden zu ihm kommen. Das ist alles, was er von uns erwartet.

Viele Leute meinen, sie müßten erst glücklich sein und Frieden und Gewißheit haben; andernfalls könnten sie keine Gotteskinder sein.

Das ist die verkehrte Reihenfolge. Es ist richtig, daß du nach Frieden und Gewißheit ausschaust. Mit der Zeit *wirst* du auch glücklich werden und volle Gewißheit genießen. Das ist jedoch nicht der Anfang.

Der Anfang ist *schmerzhaft,* denn alles beginnt mit einer Operation. Die führt Jesus aus, sobald wir glauben.

Alles, was er von uns erwartet, ist Glauben, d. h. wir müssen ihm vertrauen und mit den Krankheiten unserer Seelen zu ihm kommen, ihm nicht eine Sünde vorenthalten und uns seiner Fürsorge übergeben, wie ein Patient sich in die Fürsorge des Arztes begibt.

Christus kennt die Schmerzen, die einer Operation dieser Art folgen. Darum ist er auch nicht verwundert, wenn wir keine Freude, keinen Frieden und keine Gewißheit haben, während die Bekehrungsoperation stattfindet.

Du solltest auch nicht wegen der Ängste und Schmerzen, die dir widerfahren, in Verwirrung geraten. Die Unzufriedenheit mit dir selbst, die Verzweiflung über die übergroße Sündhaftigkeit deines Herzens, über seine Gefühllosigkeit, die Halbherzigkeit deines Willens und die Wankelmütigkeit, die du nun erlebst, sind nur *Schmerzen, die von der Operation* zurückgeblieben sind. Christus kann den Abszeß der Sünde nicht aufschneiden, ohne Schmerzen zu verursachen.

Freu dich! Diese Schmerzen sind nicht gefährlich. Sie sind Zeichen des *Lebens* und nicht des *Todes,* genau wie Geburtswehen.

Vom Wachstum des Glaubens

Machen wir uns an dieser Stelle noch einmal klar, daß es uns hier um den Unterschied zwischen *Glauben* und *Gewißheit* geht. Wir haben gesehen, wie tröstlich es ist, daß wir aus Glauben errettet sind, nicht aus Gewißheit. Und daß Glaube nichts anderes ist, als mit unseren Sünden zu Christus zu kommen.

Doch nun fragt vielleicht jemand: »Sind denn Glaube und Gewißheit nicht doch das gleiche? Kann man überhaupt zwischen ihnen unterscheiden? Sagt Hebräer 11,1 nicht: ›Der Glaube ist eine gewisse Zuversicht des, das man hofft‹?«

Darauf möchte ich antworten: »Gewiß. Wenn wir zeigen wollen, was der Glaube in seiner höchsten Entfaltung ist – so wie der Schreiber des Hebräerbriefes das meint –, dann müssen wir ohne Einschränkung sagen: Glaube ist Gewißheit. Jeder gesunde und normale Glaube sollte sich zur Gewißheit entwickeln.

Das gleiche geschieht, wenn wir von einem Menschen sprechen. Damit meinen wir gewöhnlich einen erwachsenen, voll entwickelten Menschen. Niemand würde aber abstreiten, daß dieser erwachsene Mensch sein Leben als ein Kind *begann*. Und niemand würde leugnen, daß er als Kind schon ein menschliches Wesen war. Doch er war noch kein voll entwickelter Mensch.

Die klarsten Verse in bezug auf Glauben und Gewißheit, die ich in der Bibel gefunden habe, sind die folgenden drei: Römer 8,16; Galater 4,6 und 3,26.

In Römer 8,16 wird uns gesagt, wie ein Sünder *Gewißheit* erlangt, daß er ein Kind Gottes ist. Der Geist Gottes gibt Zeugnis unserem Geist, daß wir Kinder Gottes sind. Das ist eine feste, herrliche Gewißheit.

In Galater 4,6 lernen wir, daß wir den Geist und damit das Zeugnis des Geistes nicht erlangen, das heißt die Gewißheit nicht haben, bis wir Kinder Gottes sind. Das geht aus dem Vers hervor: »*Weil* ihr denn Kinder *seid*, hat Gott gesandt den Geist seines Sohnes in unsere Herzen, der schreit: ›Abba, lieber Vater!‹«

Wenn wir nicht Kinder Gottes werden durch Gewißheit, durch das Zeugnis des Geistes, wie werden wir dann Kinder Gottes?

Das wird uns im 3. Abschnitt gesagt, Galater 3,26: »Denn ihr seid alle Gottes Kinder *durch den Glauben* an Christus Jesus.«

Nun haben wir Licht bekommen, was das Verhältnis zwischen Glaube und Gewißheit angeht.

Glaube ist die *Bedingung*, unter der wir errettet wurden. Andererseits ist Gewißheit die *Frucht* und *Folge* des Heils.

Gleichzeitig laßt uns jedoch beachten, daß Gewißheit die Gewißheit des *Glaubens* ist.

Es gibt eine innere, organische Verbindung zwischen Glaube und Gewißheit, ebenso wie es eine organische Verbindung zwischen dem Samen und der voll ausgewachsenen Pfanze gibt.

Glaube beginnt als ein winziges Samenkorn im Herzen des Sünders. Er erscheint als Trauer, Sorge und Sehnen, als ein Zustand, in dem wir uns nicht mehr ertragen können, in Sünden zu leben, und der uns daher den Mut gibt, mit allen Sünden zu Christus zu kommen.

Im Anfang besteht der Glaube in der Regel aus Traurigkeit, Fragen, Zweifeln und Vorwärtstasten. Am allermeisten zweifelt er sich selbst und seine eigene Existenz an.

Wenn aber dem Geist gestattet wird, das gute Werk, das er begonnen hat, zu vollenden, dann wird die Operation zur Heilung führen: Die Wunde wird heilen. Die Seele wird vertraut werden mit Gottes Wort. Sie beginnt zu erkennen, was sie in der Gabe besitzt, die sie empfangen hat, nämlich in Gottes eigenem Sohn.

Unruhe und Sorge in bezug auf den Glauben wird schwinden. Die Gewißheit des Glaubens wird entstehen. Das heißt, der Glaube beginnt einzusehen, daß das Heil für *Verlorene* da ist, daß Gott den *Gottlosen* gerecht spricht. Nun wird der Glaube ein froher, sicherer Glaube.

Jetzt hat er seine ausgereifte Form erreicht: volle Gewißheit.

Die ihr mit euren Sünden zu Christus gekommen seid, aber noch keine volle Gewißheit und Freude gefunden habt, werdet mich jetzt sicherlich fragen, was ihr tun müßt, um Gewißheit zu erlangen.

Zuerst möchte ich euch sagen, was ihr *nicht* tun sollt. Macht nicht so weiter, wie ihr vielleicht bisher gehandelt habt. Sucht nicht verzweifelt die Gewißheit zu erlangen. Das tun viele, denn sie glauben, sie seien nicht errettet, bis sie Gewißheit erlangt haben.

Trotzdem ist es richtig, die Gewißheit zu suchen. Das solltet ihr tun, indem ihr darum betet, genauso, wie ihr um alles andere betet, was ihr braucht und was Gott verheißen hat.

Aber betet ohne Furcht. Gott *wird* euch die Gewißheit schenken.

Und denkt daran, daß der Geist es ist, der die Gewißheit gibt, ebenso wie er auch den Glauben bewirkt. Es gibt nichts, was er lieber tut, als euch Christus immer wieder zu erklären, bis ihr volle Gewißheit erlangt habt und glücklich seid im Glauben.

Der Geist arbeitet jedoch durch Hilfsmittel. Macht darum Gebrauch von den Gnadenmitteln. Und wenn ihr Gottes Wort lest, dann betet, daß der Geist das Wort brauchen möge, um euch für den Augenblick vorzubereiten, an dem er euch die Gewißheit schenken kann.

Und nehmt am Abendmahl teil!

»Aber wie kann ich, der ich keine Gewißheit habe, am Abendmahl teilnehmen?« so fragen viele. Ja, jeder ist zum Abendmahl eingeladen, der täglich mit seinen Sünden zu Christus kommt, ohne Rücksicht darauf, ob er Gewißheit hat oder nicht.

Der Herr wird deinen Glauben stärken und erfrischen durch das heilige Geheimnis des Abendmahls, damit du wachsen kannst »zur Reife des Mannesalters, zum vollen Maß der Fülle Christi«.

Und bete.

Sage dem Herrn, wie sehr du dich nach Gewißheit sehnst und wie nötig du sie brauchst, um durch dein tägliches Leben Menschen zu Christus ziehen zu können. Jetzt ist dein Leben oft traurig, dunkel und freudlos. Darum werden diejenigen, mit denen du täglich zusammen bist, nicht sehr für Christus begeistert. Sage das dem Herrn. Sage ihm, daß du Gewißheit, Freude und Kraft brauchst, um ihm besser dienen zu können.

Dann wird er sie dir geben.

Eines schönen Tages – oder in einer dunklen Nacht, wenn du sie am wenigsten erwartest – wird sie kommen.

Er wird ein Gotteswort nehmen, ein Wunder daran vollführen und es für dich verständlich machen. Wie durch einen Blitz wird dieses Gotteswort für dich erleuchtet werden, und du wirst durch es hindurch in ewige, grenzenlose Gefilde der Gnade sehen. Du wirst das Kreuz, das Blut, das Lamm, die Wunden sehen, wie du sie nie zuvor gesehen hast. Alles wird dann so klar sein, daß es dir unerklärlich ist, warum du das früher nicht sehen konntest.

Gott hat gewisse Dinge so hoch gestellt, daß wir selbst sie nicht erreichen können. Die einzige Möglichkeit, an sie zu kommen, ist, wenn Gott selbst sie durch ein Wunder in unsere Herzen gibt. Dann und nur dann wird aus Glauben Gewißheit. Und wenn das geschieht, wird der Glaube voll Freude und Dank.

Wenn die Blinden sehen

Was willst du, daß ich dir tun soll? Markus 10,51

Jesus sagte diese Worte zu einem Blinden namens Bartimäus. Damals betrachtete man es als selbstverständlich, daß ein Blinder für seinen Lebensunterhalt betteln mußte. Man hat ihn an einen Kreuzweg postiert, wo viel Verkehr war. Ohne Zweifel gaben ihm die Vorübergehenden ab und zu Almosen. Ich kann mir gut vorstellen, daß einige von ihnen, während sie nach einer passenden Münze suchten, zu ihm sagten: »Weil du blind bist, solltest du nach Galiläa im Norden gehen. Da ist ein außergewöhnlicher Mensch. Er heißt Jesus und soll aus Nazareth stammen. Es wird gesagt, daß er Arme und Reiche heilt, ohne etwas dafür zu nehmen. Die Leute sagen, daß er alle heilt, die Blinden, Tauben, Lahmen und die Aussätzigen. Man erzählt sogar, daß er einen Toten auferweckt hat. Viele glauben, daß er der Messias ist.«

Natürlich wäre Bartimäus gerne hinauf nach Galiläa gegangen, um diesen bedeutenden Mann zu sehen.

Aber wie sollte er dorthin gelangen? Er schaffte es als Blinder ja kaum, den Weg aus der Stadt zum Kreuzweg zu finden. Und so saß Bartimäus Tag für Tag in der Finsternis und hoffte, daß der freundliche Mann von Nazareth wenigstens einmal vorbeikommen würde, damit er ihn bitten könnte, ihn von seiner Blindheit zu heilen.

Und eines Tages geschah es wirklich.

Er hörte in einiger Entfernung Lärm. Und da er nichts sehen konnte, fragte er – wie üblich – was da los sei. Daraufhin antwortete einer der Vorübergehenden:

»Da kommt Jesus von Nazareth!«

Bartimäus' große Chance war da!

Natürlich sah er niemanden. Darum rief er, so laut er konnte: »Jesus, du Sohn Davids, erbarme dich meiner!«

Man fuhr ihn an, er sollte ruhig sein. Da kam eine große festlich gestimmte Menge, ein Pilgerzug auf dem Weg nach Jerusalem zum Passahfest. Und Jesus war mitten unter ihnen. Vielleicht – so dachten einige – ging er in die Hauptstadt zum großen Fest und ließ sich dort als Messias ausrufen. Es war ein großartiger, festlicher Anblick.

Darum wollte man nicht zulassen, daß ein zerlumpter Bettler den festlichen Zug aufhielt oder störte.

»Und viele bedrohten ihn, er sollte stillschweigen«, sagt Markus.

Bartimäus jedoch hatte nur diese eine Chance, darum schrie er noch lauter als beim ersten Mal: »Jesus, du Sohn Davids, erbarme dich meiner!« Er hätte diesmal gar nicht so laut zu schreien brauchen, denn Jesus war ihm schon so nahe gekommen, daß er merkte, hier stimmte etwas nicht. Und als er erfuhr, daß es ein blinder Bettler war, der nach ihm schrie, befahl er sofort, den Mann zu ihm zu führen.

Gewiß waren schon die freundlichen Worte und die sanfte Stimme Jesu ein Segen für den Blinden. Er war solche Freundlichkeit nicht gewöhnt. Er freute sich so sehr, daß »er seinen Mantel von sich warf, aufsprang und zu Jesus kam«, obgleich er blind war.

»Was willst du, daß ich dir tun soll?«

Bartimäus wußte das ganz genau und antwortete in gespannter Erwartung: »Rabbuni, daß ich wieder sehen kann!«

»Sei sehend!« sagte Jesus.

Und Bartimäus sah.

Der erste, den er sah, war Jesus.

Wundern wir uns, daß er auf der Stelle begann, Gott zu loben, und Jesus nachfolgte auf dem Wege?

Und sein Vorbild steckte an. Lukas erzählte, daß auch die Pilger den Herrn zu preisen begannen, als sie auf dem Wege zum Fest Bartimäus danken und Gott loben hörten.

Wo Jesus seine gewaltigen Werke tut, werden Loblieder laut. Auch heute noch. Manch alter Christ wird erfrischt und wie ein Kind, wenn er erlebt, wie der Herr die Augen der Blinden öffnet, und wenn er die Loblieder der Neubekehrten hört.

Jesus wendet sich zuerst an die Bittsteller

Ich liebe diese Geschichte ganz besonders.

Hier sehe ich Jesus in seiner ganzen Größe und Güte. Er ist so groß, daß er umhergehen und zu denen, die er trifft, sagen kann: »Was willst du, daß ich dir tun soll?« Und wenn wir Bettler dann unsere Wünsche vorgebracht haben, kann er sie erfüllen, ganz gleich, worum wir ihn bitten.

Seine königliche Güte ist so groß, daß er niemanden abweist, der sich in seiner Not an ihn wendet.

Der gerissenste Lügner, der größte Verbrecher, der schmutzigste Hurer, die gewöhnlichste Frau von der Straße, der schlimmste Betrüger, der brutalste Räuber und Mörder – sobald Jesus ein ernstes Gebet von irgendeinem von ihnen hört, dreht er sich um und fragt: »Was willst du, daß ich dir tun soll?«

Wenn wir die Evangelien lesen, fällt uns auf, daß sich Jesus zuerst zu denen wandte, die in Not waren. Seine Augen suchten die Leidenden.

Wenn dieses Buch jemanden in die Hände fallen sollte, der eine besonders schwere Last trägt, dann möchte ich ihn bitten, besonders auf diese Worte zu hören: Jesus wendet sich zuerst an die Bittsteller auf der Erde.

Vielleicht bist du geistlich zum Bettler geworden. Du weißt nicht ein noch aus. Das Leben ist für dich so mühsam geworden, daß du nicht weißt, wie du die Last weiter tragen kannst. Ich habe eine herrliche frohe Botschaft für dich. Jesus steht vor dir und fragt dich: »Was willst du, daß ich dir tun soll?«

Solange du deine Not noch nicht zu Jesus gebracht hast, solltest du nicht sagen, du wüßtest nicht, was du tun sollst!

Warum gehst du nicht zu deinem mächtigen Freund?

Weißt du selbst, warum du nicht die Hilfe dessen suchst, der für dich gestorben ist?

Hast du Angst, dir von ihm helfen zu lassen?

Fürchtest du, daß er dir mehr helfen wird, als du es wünschst?

Vielleicht fürchtest du, er könnte dir dein geistliches Sehvermögen zurückgeben?

Es gibt viele, die lieber in ihrer Blindheit bleiben, als die geistliche Sicht zurückzugewinnen. Mit Gott versöhnt zu werden und mit ihrem alten Leben brechen zu müssen, sehen sie als das größte Unglück an, das ihnen zustoßen kann.

Um Wunder bitten – auch heute

Welche Freude ist es, Christ zu sein!

Bedenke, was es heißt, einen Freund zu haben, der uns in allen Nöten helfen kann; der jeden Tag vor uns steht und fragt: »Was willst du, daß ich dir tun soll?« Der uns jeden Morgen mit dieser

Frage weckt! Und der uns erlaubt, den Tag damit zu beginnen, daß wir ihm sagen, was wir am meisten brauchen während des Tages.

Ich meine, daß wir, die wir einen solchen Freund haben, das Jammern und Klagen einstellen sollten. Statt dessen sollten wir zum Lob Gottes singen, wie Bartimäus und die Pilger es taten auf dem Weg zum Fest.

Wir sind auf der Reise zu einem größeren Fest als dem Passah, das in Jerusalem gefeiert wurde. Wir sind auf dem Weg zum ewigen Fest im himmlischen Jerusalem. Jesus ist in unserer Mitte. Und er tut große Taten, heute wie damals.

Wir wollen seinen Namen so preisen, daß Himmel und Erde erfahren, daß er einige sehr dankbare und glückliche Freunde hat!

Einige seiner Freunde glauben nicht, daß er noch Wunder tut. Sie zweifeln nicht daran, daß er sie vor 1900 Jahren tat. Aber sie glauben nicht, daß er sie jetzt tut.

Wenn über die Wunder Jesu gepredigt wird, werden sie mit einem außergewöhnlichen Scharfsinn nur *geistlich* ausgelegt, obgleich der Text sonnenklar über ein *physisches* Wunder spricht.

Weil das so ist, sitzt manch ein Freund Jesu in seiner Bank, leidet unter irgendeiner körperlichen, irdischen Not und denkt bei sich: »Ach, hätte ich doch in den Tagen Jesu gelebt! Dann wäre ich Jesus nachgelaufen und hätte ihn überredet, mit mir nach Haus zu kommen, wo soviel Krankheit und Elend ist.«

Mein leidender Freund! Jesus hat nie aufgehört, Wunder zu tun. Er tut sie heute wie früher.

Er will für dich *mit Freuden* Wunder tun. Hast du in den Evangelien von der Frau gelesen, die er zu sich in die Synagoge bringen ließ? Und wie er sie am Sabbat unter den Augen der Pharisäer heilte, obgleich er wußte, daß sie dagegen waren? Sie *sagten* sogar, er hätte warten können, bis der Sabbat vorbei war.

Aber darauf antwortete Jesus: »Sollte dann diese, die doch Abrahams Tochter ist, welche der Satan gebunden hatte nun wohl achtzehn Jahre, nicht von diesem Bande gelöst werden am Sabbattage?«

Jesus setzte seine wunderwirkenden Kräfte gern für seine leidenden Mitmenschen ein. Doch oft wurde er durch ihren Unglauben daran gehindert. Ab und zu lesen wir, daß Jesus keine großen Werke tun konnte wegen ihres Unglaubens. Wir lesen auch, daß er sich über ihren Unglauben wunderte.

Wenn du jetzt in Not bist, wenn du etwa krank bist oder einer deiner Lieben krank ist, dann bitte Jesus darum, ein Wunder zu tun. Sage ihm, wie sehr du sein übernatürliches Eingreifen brauchst. Sage ihm, wie glücklich du sein würdest, seine Hilfe zu empfangen und eines seiner Wunder zu erleben.

Und wenn du so betest, dann denke daran, daß Jesus gerne Wunder tut, daß er gerne seine Kraft für seine Freunde einsetzt.

Aber nachdem ich dies alles gesagt habe, möchte ich noch etwas hinzufügen.

Du und ich, wir können den Herrn frei *bitten*, Wunder zu tun, irgendein Wunder. Aber wir dürfen niemals Wunder *fordern*, oder ihm befehlen, Wunder zu tun. Das wird er nicht dulden. Er läßt sich von uns keine Befehle erteilen. Er ist Gott und außer ihm keiner.

Darum sollten wir in kindlicher, demütiger Weise um Wunder beten, indem wir Gott sagen, wie nötig wir es haben, daß er ein Wunder tut. Wir sollten ihm sagen, wie sehr wir uns freuen würden, wenn er eins vollbrächte. Wir können das einfach und direkt formulieren, etwa so: »Wenn es zur Ehre deines Namens ist, dann tue das Wunder der Heilung in unserer Familie. Aber wenn es deinem Namen *nicht* zur Ehre gereicht, dann tue es nicht; dann wollen wir lieber krank sein. Aber dann mußt du in deiner Gnade und deinem Erbarmen ein anderes Wunder vollbringen, nämlich uns die Kraft geben, deinen Namen in Krankheit und Not zu preisen.«

Und wir sollten daran denken, daß ein Wunder *dieser* Art nicht geringer ist, als eine spontane physische Heilung.

Was wollen wir von Jesus?

Ich weiß nicht, ob du dich schon einmal darüber gewundert hast, daß Jesus den Blinden fragte, was er wolle. Hätte Jesus das nicht wissen können, ohne zu fragen?

Ich kann darauf keine so tiefsinnige Antwort geben wie gewisse Bibelausleger, die mehr Phantasie als Bibelkenntnis haben. Ich muß gestehen, daß ich überhaupt nicht weiß, warum Jesus Bartimäus fragte. Eines aber weiß ich. Mir ist klar, warum Jesus seine Freunde fragen muß: »Was wollt ihr?«

Ich kenne einen Mann, der wohl schon hundertmal vor dem

Herrn auf den Knien gelegen hat. Und wenn ich nach dem »Amen« dem Herrn Zeit gelassen hätte, mich zu fragen: »Was möchtest du denn?«, dann hätte ich antworten müssen: »Vielen Dank, ich wollte eigentlich nichts. Ich wollte nur beten!«

Jesus begegnet oft solchen Freunden in ihrem »Kämmerlein«. Sie haben kein gutes Gewissen, bis sie ein wenig gebetet haben. Aber sie *wollen* gar nichts, wenn sie beten.

Das betrübt den Herrn Jesus. Natürlich sieht er, daß wir vielerlei brauchen. Außerdem weiß er, daß sein Himmel voll ist von genau den Dingen, die uns zu gesunden, starken, glücklichen und kämpferischen Christen machen können. Merkst du jetzt, warum er dich fragen möchte: »Was *willst* du? *Möchtest* du etwas von mir?«

Vielleicht erinnerst du dich an eine Zeit in deinem Christenleben, als du wußtest, was du wolltest, wenn du zum Beten in deine Kammer gingst. Deine Not, dein Kummer über deine Sünde trieb dich ins Gebet. Wenn du deinen Heiland betrübt hattest, konntest du keinen Frieden finden, bis du dich für einen Augenblick von dem Lärm und der Unruhe und von deiner Arbeit zurückgezogen und dem Heiland alles gesagt hattest.

Und wie glücklich warst du, wenn du wieder versöhnt warst, wenn alles wieder in Ordnung war zwischen dir und deinem Herrn. Er hatte die Segensworte zu dir gesprochen: »Freu dich, deine Sünden sind vergeben!«

Wenn die Sehkraft nachläßt

Bartimäus wußte, was er wollte.

Er wollte sehen können.

Wir Menschen sind verschieden, und so sind auch unsere Wünsche unterschiedlich.

Aber manche von uns werden wie Bartimäus beten: »Herr, ich möchte *sehen* können.«

Vielleicht ist dir seit einiger Zeit aufgefallen, daß es mit deiner inneren Sehkraft nicht mehr stimmt. Du siehst nicht mehr so gut, wie vorher. Du erkanntest früher vieles besser, wenn du in der Bibel lasest. Weißt du noch, was du *gesehen* hast, als du die Bibel mit den Augen des einfachen, kindlichen Glaubens lasest? Sogar die unscheinbarsten Dinge nahmen große Bedeutung an und wurden eine Quelle der Erbauung für dich, denn du erkanntest Gott in ihnen. Du lasest und danktest ihm.

Du freutest dich besonders auf den Sonntag. Dann hattest du mehr Zeit zum Lesen. An dem Tag saßest du stundenlang still und lasest ein Kapitel nach dem anderen. Und wahrlich, du erkanntest seine Herrlichkeit!

Erinnerst du dich daran, wie glücklich du beim Bibellesen warst? Vielleicht trugst du ein Neues Testament in deiner Tasche. Zu Hause legtest du das Testament auf ein Regal oder auf einen Tisch in Reichweite, so daß du es während der Arbeit bei der Hand hattest.

Wenn du dann einen Augenblick Zeit hattest, langtest du nach dem Testament. Welche großartigen Wahrheiten ließ Gott dich in solchen Augenblicken schauen!

Siehst du noch so klar, wenn du heute die Bibel liesest?

Oder siehst du gar nichts mehr?

Ist das Bibellesen dir eine Last geworden? Etwa ein Kompromiß mit deinem Gewissen? Du liesest einen Abschnitt nur, um etwas gelesen zu haben, nicht wahr?

Früher erkanntest du auch die Dinge besser, die dein tägliches Leben angingen.

Erinnerst du dich, wie streng du in deinem Familienleben gegen dich selbst warst? Nicht nur in bezug auf deine Taten und Worte, sondern auch auf deine Gedanken. Weißt du noch, wie sehr es dich schmerzte, wenn du unfreundlich zu einem deiner Lieben gewesen warst und den Heiland betrübt hattest? Siehst du das jetzt so klar? Bist du noch so streng mit dir, wie du früher warst?

Auch deine Mitmenschen konntest du früher besser sehen.

Es ist rührend zu beobachten, wie Jungbekehrte anfangen, ihre Mitmenschen in einem neuen Licht zu sehen. Sie fangen an, andere mit den Augen Jesu zu sehen. Sie sehen, daß diese Wesen sind, für die Jesus sein Blut vergossen hat.

Damals konntest du es nicht ertragen, mit ihnen nicht über das Heil ihrer Seelen zu sprechen. Vielleicht waren sie am Anfang freundlich und höflich und hörten dir zu. Aber später wurden sie ungeduldig und sagten zu dir: »Nun sei einmal still. Du machst mit deinem Predigen unser Leben unmöglich!« Es dauerte nicht lange, da erschien es dir auch so. Du dachtest dann auch, daß es wohl besser sei, den Mund zu halten und sie nicht mit deinen Ermahnungen zu ermüden.

Du versuchtest, still zu sein.

Aber weißt du auch noch, wie es dich bedrückt hat, sie in ihr Unglück rennen zu lassen?

Damals konntest du noch gut *sehen*. Merkst du auch jetzt noch etwas davon, wenn du deine Mitmenschen betrachtest? Oder hat deine Sehkraft so weit nachgelassen, daß du die Heilsbedürftigkeit deiner Mitmenschen gar nicht mehr wahrnimmst?

Es gibt viele Christen, die die Seelennot anderer Menschen nicht mehr erkennen. Sie sehen nicht mehr, daß die unbekehrten Menschen, mit denen sie täglich zu tun haben, Seelen sind, die für Gott *gewonnen* werden sollen und die Gott *durch sie* gewinnen will.

Ursachen unserer Blindheit

Wodurch verlieren wir unsere geistliche Sehkraft? Durch *Sünde!* Sie greift unsere geistlichen Augen an.

Es ist jedoch wichtig zu erkennen, daß nicht die Sünde selbst unseren geistlichen Sehnerv lähmt. Selbst die schlimmste Sünde kann unsere geistliche Sicht nicht zerstören, wenn wir sie Gott augenblicklich und vorbehaltlos bekennen.

Andererseits jedoch genügt die kleinste Sünde, um unser Sehvermögen zu schwächen und endlich zu zerstören, wenn diese Sünde nicht als solche vor Gott bekannt, sondern entschuldigt, verteidigt oder zugedeckt wird.

Hier kommen wir zu einem Punkt, der von lebenswichtiger Bedeutung ist. Lebenswichtig darum, weil davon nicht nur abhängt, ob wir in der Heiligung vor- oder zurückgehen, sondern auch, ob wir ewig gerettet werden oder nicht. Denn das Abfallen eines Gläubigen *beginnt* ohne Zweifel an diesem Punkt. Unbekannte Sünde zerstört unser geistliches Sehvermögen bis zur völligen Blindheit. »Wenn nun das Licht, das in dir ist, Finsternis ist, wie groß wird dann die Finsternis sein« (Mt 6,23).

Laß mich zwei Dinge nennen, die für den Gläubigen besonders gefährlich sind.

Das erste ist das *Geld*.

Wie steht es mit deinen Finanzen?

Ich frage nicht, ob du viel oder wenig Geld hast. Es interessiert mich aber, wer der Herr ist, du oder das Geld?

Ich weiß nicht, wie es jetzt um dich steht. Aber wenn Gott dein Herz jemals bekehrt hat, weiß ich, daß du deine Zeit gekannt hast, als Gott dich zum Herrn über deine Mittel gesetzt hat.

Vielleicht entsinnst du dich auch noch sehr gut an diese Zeit. Du lebtest in einer engen Partnerschaft mit Gott und fragtest ihn in bezug auf deine Geld-Angelegenheiten, ob es sich ums Kaufen oder Verkaufen handelte, ob du plantest, den Armen etwas zu geben, oder etwas zu tun für das Werk des Herrn.

Und wie eng und vertraulich war damals die Verbindung zwischen dir und Gott!

Aber der Alte Adam war auch in dir. Er ist immer ein ergebener Diener des Mammons. Vor allem möchte er selbst die Verfügungsgewalt über dein Geld haben. In finanziellen Angelegenheiten hält er Gott für unpraktisch und ungeschickt.

So kamst du in Versuchung, deine Finanzen in deine eigene Hand zu nehmen. Und du hast der Versuchung nachgegeben. Du dachtest, wenn du das so machen würdest, könntest du deinen Geldangelegenheiten eine solidere Basis geben.

Damit wolltest du natürlich das Christentum nicht aufgeben. Du lasest weiter in der Bibel und betetest wie vorher.

Trotzdem fiel dir eine Veränderung auf. Es schien, als sei es unmöglich, mit Gott wieder in Berührung zu kommen; sooft du anfingst zu beten, war es, als könntest du an nichts anderes denken, als an deine selbst geregelten Geldangelegenheiten.

Das war der Geist Gottes, der dich in seinem Erbarmen unruhig zu machen versuchte. Mit dieser Absicht rief er, wenn du betetest: »Geld, Geld, Geld!«

Das gleiche wiederholte sich, wenn du die Bibel lasest. Immer wieder trafst du auf Stellen über das Geld und die Geldliebe. Die Bibel schien nur vom Geld zu sprechen.

Und wenn du zur Kirche oder Gemeinde gingst, schien es, als ob die Prediger sich abgesprochen hätten, über nichts anderes als Geld zu reden.

Es ist, wie wenn man einen Finger verletzt hat. Irgendwie stößt man immer damit an, nie mit den neun gesunden. Natürlich stößt du auch damit an, aber du spürst das nicht. Wenn du jedoch mit dem kranken Finger irgendwo anstößt, merkst du das sofort, weil der besonders empfindlich ist.

Doch vielleicht ist Geldliebe nicht deine Lieblingssünde?

Darf ich dir dann noch eine andere Frage stellen?

»Wie steht es um dein Familienleben? Ist alles gut? Liebt ihr euch? Geht ihr herzlich miteinander um?«

Diese Fragen gehen uns Verheiratete besonders an. Lebt ihr in liebender, enger, vergebender Gemeinschaft miteinander?

Auf jeden Fall entsinnst du dich einer Zeit, als ihr glücklich und herzlich zueinander wart. Du wirst die tiefe, friedevolle Freude, in der ihr damals lebtet, nie vergessen können.

Ihr last die Bibel gemeinsam, ihr knietet zusammen nieder, ihr betetet zusammen, ihr sangt gemeinsam. Ihr unterhieltet euch über alles im Himmel und auf Erden. Ihr erfuhrt die herrlichen Freuden einer christlichen Familie, ohne reich zu sein und ohne kostbare Möbel zu besitzen. Kein Ort auf Erden ist dem verlorenen Paradies näher als ein christliches Heim.

Aber niemand von uns ist vollkommen.

Wir haben alle scharfe Ecken. Und wenn wir Tag für Tag zusammenleben, wie es Verheiratete eben tun, dann geschieht es oft, daß die Ecken gegeneinander stoßen. Eines Tages hat deine Frau oder dein Mann einige scharfe Worte gesagt. Deine Antwort fiel noch etwas schärfer aus. Und schon war der schlimmste Streit da.

Bald kam der Geist Gottes und sagte dir:»Bitte um Verzeihung!«

»Ja«, antwortest du, »das könnte ich tun; aber diesmal habe ich nicht angefangen!«

»Das stimmt wohl«, sagt der Geist, »aber du hast genug falsch gemacht, um auch um Verzeihung zu bitten.«

Also tatst du es. Und du erinnerst dich genau, wie glücklich du warst. Es *ist* gut, sich zu demütigen. Und wir alle wissen, daß es außerordentlich demütigend ist, um Verzeihung zu bitten.

Doch das wiederholt sich. Endlich warst du es leid. Du sagtest dir: »Diesmal kann der andere einmal um Verzeihung bitten.« Du bliebst hart und setztest deinen Willen durch.

Aber glücklich machte es dich nicht.

Keine Herzlichkeit mehr. Kein gemeinsames Beten mehr. Kein gemeinsames Singen. Keine Unterhaltung über Gottes Wort. Allenfalls noch eine routinemäßige Hausandacht, so kurz wie möglich.

Auf diese Weise sind viele christliche Familien zerbrochen.

Heilen kann nur ER

Möchtest du geheilt werden?

Nun verstehst du vielleicht besser, warum ich sagte, du sollest vorsichtig sein und die Sache sorgfältig abwägen, bevor du antwortest. Du siehst nun, was mit der Heilung zusammenhängt.

Wenn dein geistliches Sehvermögen wiederhergestellt ist, kannst du nicht so weiterleben, wie du bisher lebtest. Du wirst dich der überführenden Kraft des Geistes Gottes unterwerfen müssen. Er hat dir die ganze Zeit gesagt, daß du ein Geizhals bist, aber du hast dich stets verteidigt, du seiest nur *sparsam.* Wenn du nun zugibst, daß er recht hat, wirst du aufhören müssen, deine Geldangelegenheiten in selbstsüchtiger Weise zu regeln. Du wirst dem Herrn gestatten, an dir zu handeln wie er will.

Wirst du das tun? Wagst du es?

Du hast deiner Frau oder deinem Mann Unrecht getan. Du kannst so nicht weitermachen, wenn dein Sehvermögen in Ordnung ist und du die große Ungerechtigkeit siehst, die du getan hast. Du wirst dich vor dem, dem du Unrecht getan hast, demütigen müssen und sagen:»Kannst du mir vergeben? Ich bin es, der schuld ist, daß wir so unglücklich sind.«

Wirst du das tun? Kanst du es überhaupt?

Es gibt so viele unglückliche Christen, Christen ohne Frieden, Freude oder Kraft. Christen, die an Händen und Füßen von den Sünden gebunden sind, an die der Geist Gottes sie erinnert, die sie aber nicht als Sünden bekennen wollen, sondern die sie zu entschuldigen und zu verteidigen versuchen.

Viele dieser unglücklichen Seelen sehnen sich ernstlich danach, von ihren Gebundenheiten gelöst zu werden. Sie denken an die Zeit, als sie Frieden mit Gott und ein gutes Gewissen hatten. Ihr Verhältnis zu Gott war klar und offen. Sie konnten ihm in die Augen sehen, wie man so sagt. Nicht, weil sie sündlos waren, sondern weil sie nicht versuchten, etwas zu verbergen und weil es das Sehnen ihres Herzens war, über alles mit Gott zu sprechen.

Damals waren sie glücklich, denn sie fürchteten den Geist Gottes nicht und auch nicht die Wahrheit, die er sprach. Ganz im Gegenteil, das Bewußtsein, daß der Geist ihnen die ganze Wahrheit sagte, war genau das, was sie glücklich und sicher machte.

Wie ich vorhin schon sagte, gibt es viele Seelen, die sich ernsthaft danach sehnen, frei zu werden. Aber es bleibt bei dem

Sehnen. Sie können sich selbst nicht befreien. Sie sind wie gelähmt. Durch ihre eigene Sünde sind sie kraftlos geworden.

Sie finden es zu schwer, sich zu demütigen. Jedesmal, wenn sie nahe daran sind, mit ihren Sünden zu brechen, schrecken sie davor zurück.

An solche richtet Jesus seine wunderbaren Worte: »Was willst du, daß ich dir tun soll?«

Lange hast du darüber nachgedacht, was *du* tun solltest. Das Resultat war, daß sich gar nichts änderte in deinem Leben. Aus eigener Kraft kannst du nicht das tun, was in diesem Fall getan werden muß.

Und nun höre, was Jesus dir sagt: »Was willst du, *daß ich dir tun soll?«* Hier ist der Ausweg. Jesus will für dich tun, was du für dich selbst nicht tun konntest. Er proklamiert Freiheit für die Gefangenen und öffnet das Gefängnis für die Gebundenen, so sagt er.

Du brauchst ihm nur deine Sorgen zu sagen. Aber du mußt ihm *alles* sagen. Sage ihm nicht nur, daß du gesündigt hast, sondern auch, daß du die Wahrheit umgehen wolltest und daß du versucht hast, dir einzureden, deine Missetaten seien keine Sünden. Sage ihm, wie gebunden und gefesselt du bist und daß es dir unmöglich ist, dich zu befreien. Er wird ein Wunder tun und dich retten.

Wie er das tun wird, ist nicht leicht zu sagen. Wir können seine wunderbaren Wege nicht immer verstehen. Wichtig ist, daß das Wunder wirklich in unserem Leben geschieht. Ich glaube jedoch, daß er dich ähnlich heilen wird, wie er Bartimäus heilte. Seine *Sehkraft* wurde ihm zurückgegeben, und er sah *Jesus.*

Er wird auch dich retten, indem er dich auf wunderbare Weise fähig macht, *Jesus zu sehen.*

Es ist nun schon lange her, seit du ihn gesehen hast. Du hast ihn nicht gesehen, seit sich die eben angedeutete Entwicklung in dir abgespielt hat.

Dein eigentliches Unglück ist – wenn man es recht bedenkt –, daß du Jesus während dieser ganzen Zeit nicht gesehen hast. Ohne Zweifel hast du dich danach gesehnt, ihn zu sehen, und vielleicht hast du es auch versucht. Aber ohne Erfolg.

Was war der Grund dafür?

Deine unbekannte Sünde! Sie stand vor dir auf und verbarg das Kreuz vor deinen Augen. Dein inneres Auge suchte das Kreuz wie immer. Aber in welche Richtung du dich auch wandtest, du konntest das Kreuz nicht sehen.

Du lasest die alten, wohlbekannten Verheißungen, aber sie gaben dir keinen Trost. Du hörtest die gleichen Prediger und gingst dann mit der gleichen Unruhe und Leere in deiner Seele zurück. Du batest Gottes Geist, dir zu helfen. Aber er gab dir keinen Frieden. Er konnte es einfach nicht, denn wenn er dir bei deinem Zustand Frieden gegeben hätte, wärest du verloren gewesen.

Nein, um dich zu retten, mußte er dein böses und rebellisches Herz ruhelos und ängstlich machen. Das ist ihm gelungen. Er hat dich so unruhig gemacht, daß du es in deinem sündhaften Verhältnis zu ihm nicht länger aushältst. Nun bist du bereit, deine Sünden zu *bekennen.*

Nun kannst du Jesus wieder sehen. Dein Blick aufs Kreuz ist unbehindert. Sobald wir die Sünden bekennen, die wir vorher entschuldigten und verteidigten, wird das Hindernis zwischen dem Kreuz und uns weggetan.

Der Geist Gottes kann nun Christus in dir wieder groß machen. Er kann dir das Kreuz aufs neue erklären. Er kann auf das Lamm Gottes hinweisen, das alle unsere Sünden weggenommen hat. Auch die Sünden hat er weggenommen, die du doppelt sündig gemacht hast durch deine Unaufrichtigkeit und dein heimliches Verteidigen.

Er bringt dir die alten Verheißungen in den Sinn. Nun klingen sie neu und frisch in deinen Ohren. Gott selbst spricht freundlich mit deinem verwundeten und ängstlichen Herzen.

Du schämst dich so, wie der verlorene Sohn es tat, als sein Vater ihn aufnahm, ihm das beste Gewand gab, ihm Schuhe an seine Füße und einen Ring an seinen Finger gab und ein Fest für ihn veranstaltete. Wirklich! Nichts ist so unergründlich wie die Gnade Gottes!

Diese Gnade gibt dir nicht nur Frieden, Freude und die Gewißheit der Sündenvergebung. Sie gibt dir auch *Kraft.* Sie gibt dir die Kraft, zu deinem Mann oder deiner Frau zu gehen und um Verzeihung zu bitten. Sie gibt dir die Kraft, nicht mehr kleinlich zu sein. Es ist dir unverständlich, aber jetzt tust du die Dinge aus dir selbst. Das kommt, weil du Jesus gesehen hast.

Nun erfährst du die Wahrheit der tiefen und geheimnisvollen Worte: »Gott ist's, der in euch wirkt beides, das Wollen und das Vollbringen zu seinem Wohlgefallen« (Phil 2,13).

Neue Kraft kommt in dein Christenleben, in jeder Hinsicht. Ein *williger* Geist kommt wieder in dein Leben. Die Veränderung, die daraus entsteht, kann kaum beschrieben werden.

Wie widerwillig, voll Opposition und wie verdreht warst du während dieser ganzen unglücklichen Zeit! Du wolltest an christlichem Leben und christlichem Werk Anteil haben. Aber wie oft warst du müde von all dem, was von dir erwartet wurde. Man erwartete von dir, daß du Zeit, Kraft, Interesse und Geld opfertest. Und immer wieder kamen neue Erwartungen.

Aber beachte den Unterschied, seit ein williger Geist in deinem Herzen neu erschaffen wurde. Nun möchtest du alle diese Dinge gerne tun. Kein Mensch braucht dich anzutreiben. Du möchtest arbeiten und opfern. Wenn es noch etwas gibt, das dich jetzt bekümmert, ist es der Gedanke, daß du und alle anderen zu wenig für den Herrn und die Errettung von Seelen tun.

Du hast zu *sehen* begonnen. Du siehst Seelen und ihre Bedürfnisse. Du leidest mit ihnen und betest für sie. Du bist mit ganzem Herzen bei der Arbeit, und es ist dir eine Freude, soviel wie möglich zu tun. Du dankst dem Herrn für jeden, der willig ist, Opfer zu bringen, und für jeden, der Hand anlegt in der Arbeit im Weinberg.

Du bist von dem bitteren Kritikgeist geheilt worden, der früher seine Schatten auf deine Seele und auf deine Arbeit warf.

Schlußwort

Es geschah während einer Erweckung in Galiläa. Die Menschen strömten von allen Seiten herbei. Die Menge war so groß und dichtgedrängt, daß man sich gegenseitig auf die Füße trat. So forderte Jesus die Menschen auf, sich am Abhang des Berges zu lagern, der sanft bis zum See hin auslief. Er selbst bestieg ein Boot und predigte von da aus (Markus 4).

Als es Abend wurde, schlug er seinen Freunden vor, über den See zu fahren und am Ostufer auszuruhen. Sie hatten nach dem Tagewerk diese Ruhe nötig.

Er überließ den Jüngern die Ruder. Sie waren nicht so müde wie er. Jesus legte sich auf ein Kissen, das sie hinten im Boot für ihn bereitgelegt hatten, und schlief sofort ein.

Die Jünger ruderten. Ohne Zweifel führten sie während der Überfahrt eine rege Unterhaltung. Für sie war dieser Tag voll neuer Erfahrungen gewesen.

Sie waren so ins Gespräch vertieft, daß sie den herannahenden Sturm nicht bemerkten. Plötzlich erscholl ein Angstschrei! Eine große Welle schlug über dem Boot zusammen, so daß es zu sinken drohte.

Und Jesus schlief weiter.

Aber sie riefen ihn an und weckten ihn auf. Und das nicht gerade sanft: »Meister, fragst du nichts danach, daß wir verderben?« jammerten sie.

Daraufhin richtete er sich im Boot auf und sprach einige wenige Worte zu den Elementen in einer Sprache, die die Jünger verstanden. Augenblicklich ließ der Wind nach, und es ward eine große Stille.

Als das geschehen war, wandte sich Jesus seinen Freunden zu und sagte: »Hattet ihr wirklich Angst? Wie konntet ihr denken, das Boot würde untergehen, wenn ich darin bin?«

Aber sie schämten sich nicht. Es überkam sie etwas anderes, was viel besser war. Sie begannen, sich sehr zu *fürchten* vor dem, dem Wind und Meer gehorsam sind.

Für Jesus war es nicht so einfach, Ruhe zu bekommen. Wohin er sich auch wandte, rief ihn irgend jemand, der in Not war, um Hilfe an.

Kaum hatten sie das andere Ufer erreicht, als zwei wahnsinnige, von Dämonen besessene Männer den grasbewachsenen Hügel herabrannten. Sie liefen auf Jesus zu. Sie kreischten und brüllten fürchterlich. Doch Jesus fürchtete sich nicht. Er stieg aus dem Boot und befahl den unsauberen Geistern, aus den Unglücklichen, die vor ihm standen, auszufahren.

Aber die Geister flehten ihn an, in eine große Schweineherde am Berghang fahren zu dürfen.

Sonderbarerweise gestattete Jesus ihnen dies. Als sie aber in die Schweine gefahren waren, wurden diese so rasend, daß sie sich den Berg hinabstürzten und im See ertranken.

In dem Bericht wird uns nicht gesagt, warum Jesus den Dämonen das erlaubte. Und ich muß zugeben, daß ich auch nicht verstehe, warum er es tat. Aber das beunruhigt mich gar nicht.

Gott, der Unbegreifliche

Früher war ich anders.

Ich glaubte, alles verstehen und erklären zu müssen, was Jesus sagte und tat. Viele Bibelausleger meinen das immer noch. Das ist sehr schade, denn es führt zu eigenartigen und unglaublichen »Auslegungen«.

Wir alle werden mit dem Wunsch geboren, Gott begreifen zu können. Viele gehen so weit, daß sie das Recht *beanspruchen*, Gott zu verstehen. Sie können mit einem Gott, den sie nicht begreifen können, nichts anfangen.

Es gab eine Zeit in meinem Leben, da war ich mit dem Gedanken vollkommen einig.

Da aber der Gott der Bibel nicht voll verstanden werden kann, gesellte ich mich zu solchen Theologen, denen es ein Anliegen war, der Menschheit einen neuen Gott zu geben. Und zwar einen Gott, den man sehr wohl verstehen kann.

Also machten wir uns daran, einen neuen Gott zu schaffen.

Die Deutschen hatten in dieser Richtung eine besondere Begabung. Sie gingen voran und belehrten fast alle europäischen Theologen, wie der Gott des modernen Menschen auszusehen habe.

Er durfte nicht aus Stein oder Holz gemacht sein, wie es die Menschen vergangener Zeiten geglaubt hatten.

Auf keinen Fall! Er mußte ein *geistlicher* Begriff des Göttlichen sein. Das machte die Sache schon viel komplizierter. In den Einzelheiten über den neuen Gott bestand keine Einmütigkeit. Doch in einer Hinsicht waren sich alle einig: der Gott des modernen Menschen mußte zu *verstehen* sein.

Und nachdem wir unser geistliches Konzept von diesem Gott fertiggestellt hatten, fielen wir nieder, um ihn anzubeten.

Aber ich entsinne mich sehr wohl, daß ich von dem Augenblick an sehr wenig Verwendung für diesen Gott fand. Natürlich, er war gut zu begreifen – wir hatten ihn ja selbst gemacht. Aber erstaunlicherweise entwickelte sich kein inniges Verhältnis zwischen diesem Gott und uns. Es kostete mich meine ganze Überwindung, ihm auch nur die bescheidenste Art der Anbetung zu zollen, die wir in unserer Weisheit für angemessen hielten.

Dann geschah das größte Ereignis meines Lebens. Ich begann nach Gott zu verlangen, nach dem lebendigen Gott. Auf eine Weise, die ich bis zu diesem Tage nicht erklären kann, wurde mir meine Sünde so unerträglich, daß ich nicht mehr leben konnte, ohne von ihrer Schuld und Macht errettet zu werden.

Da half mir der Gott, den ich so gut begreifen konnte, nichts mehr. Ich mußte den Gott suchen, dessen Wege unerforschlich sind. Ich mußte zu dem Gott gehen, der sein Leben als Sühnung für meine Sünden gab. Zu ihm, der das Kreuz als Zeichen des Anstoßes in dieser Welt aufrichten ließ.

Das Kreuz, also das Unbegreiflichste im Zusammenhang mit dem Gott der Bibel, wurde nun das Teuerste und Unersetzlichste für mein zerschlagenes und verwundetes Herz.

Dabei sind seit jenem Tage weder Gott noch das Kreuz für mich irgendwie verständlicher geworden. Doch das hindert mich nicht, an ihn zu glauben und ihn zu lieben.

Je mehr ich über Gott lerne, um so mehr verstehe ich, daß Gott unbegreiflich ist und sein muß. Das Irrationale oder besser das Überrationale Gottes belastet meinen Verstand nicht mehr. Es scheint mir ganz klar, daß Gott haushoch über meinem kleinen Begriffsvermögen stehen muß. Das gehört ohne Zweifel zu ihm als Gott. Allein um die Welt zu *erschaffen,* mußte Gott etwas tun, was ich nie *tun* könnte, ja, was ich nicht einmal *verstehen* kann.

Je länger ich lebe, um so mehr danke ich Gott, daß ich ihn nie ganz verstehen kann. Denn wenn er nicht größer wäre als mein Begriffsvermögen, dann wäre er gewiß nicht in der Lage, diese Welt zu regieren, noch viel weniger, sie zu retten.

Viele Menschen glauben, daß es für sie unmöglich ist, einem Gott zu vertrauen, den sie nicht ganz verstehen können. Doch sollte uns schon die Erfahrung mit unseren Kindern zeigen, daß Vertrauen und Glauben nicht davon abhängen, ob ich den verstehe, auf den ich mich verlasse.

Kinder fragen nach allem Möglichen und Unmöglichen. Das ist genau richtig, denn auf diese Weise gewinnen sie Selbst- und Weltverständnis. Andererseits fragen sie häufig nach Dingen, die wir ihnen nicht erklären können, weil sie zu jung sind, um sie zu verstehen.

Wenn einer meiner Jungen mich solche Dinge fragt, sage ich zu ihm: »Ich kann dir das jetzt nicht erklären, mein Junge; aber warte, bis du älter wirst, dann erkläre ich dir alles.«

Wie, glaubst du, wird er reagieren, wenn ich ihm so antworte?

Wird er sich weinend in eine Ecke setzen und sagen: »Es ist unerträglich, in einer Familie zu leben, wo der Vater nicht alle Fragen beantwortet, die man ihm stellt«?

Nein. Er wird gleich wieder hinausrennen und weiter mit seinen Kameraden spielen – und höchstwahrscheinlich wieder einmal vergessen, die Tür hinter sich zu schließen.

Merkst du, daß der kleine Kerl sein Vertrauen in mich behält, obgleich ich ihm nicht alles erklären kann, wonach er mich fragt?

Ja, natürlich ist es möglich, Gott zu vertrauen, auch dann, wenn wir ihn Dinge fragen, die er uns nicht erklären kann, bis wir ihn droben in seiner Herrlichkeit sehen.

Und ich bin nicht einmal sicher, daß er uns dann alles erklären wird. Es ist sehr wahrscheinlich, daß die Wege Gottes so weit über unseren Verstand hinausgehen, daß wir ihn niemals völlig verstehen werden. Andererseits hat er uns versprochen, daß wir ihn *sehen* werden. Und wenn das geschieht, werden wir – so glaube ich – ein für alle Mal davon kuriert sein, Gott erfassen zu wollen. Ich glaube, dann werden wir wirklich erkennen, wie unbegreiflich groß er ist.

Jesus drängt sich uns nicht auf

Doch nun zurück zu unseren Schweinen! Sie ertranken. Und ihre Hirten flohen in die Stadt und berichteten die aufregenden Ereignisse. Es dauerte nicht lange, da erschien die ganze Stadt am Ort des Unglücks, um zu sehen und zu hören, was geschehen war.

Und da stand Jesus. Nicht mit Worten, aber doch durch das, was er getan hatte, fragte er die Menschenmenge: »Was wollt ihr, daß ich euch tun soll?«

Erinnerst du dich, lieber Leser, was sie antworteten?

Jesus besuchte sie nur dieses eine Mal. Er hatte ihnen in überzeugender Weise gezeigt, was er tun konnte. Er hatte ihnen seine Gnade und Güte bewiesen, indem er den beiden Männern half, die alle für hoffnungslose Fälle gehalten hatten.

Doch ihre gemeinsame Bitte war, Jesus solle von ihnen fortziehen. Das war die einzige Bitte, die sie an Jesus richteten! Und sie waren sich darin alle einig!

Wenn wir nicht so sehr daran gewöhnt wären, dies zu hören und zu lesen, würde uns eine Gänsehaut überlaufen, wenn wir lesen, daß diese Leute nichts anderes von Jesus zu erbitten hatten, als er sie dieses eine einzige Mal besuchte.

Aber diese Leute sind nicht die einzigen, die Jesus gebeten haben, von ihnen wegzugehen an einen anderen Ort. Das hat sich im Laufe der Jahrhunderte immer neu und an vielen Orten wiederholt.

Ganze Familien, ganze Gegenden haben einmütig dieses Gebet gesprochen, wenn Jesus in ihre Mitte kam und durch seine eigenen mächtigen Taten die schicksalsschwere Frage stellte: »Was wollt ihr, daß ich euch tun soll?«

Mein lieber Leser!

Wie hast du geantwortet?

Hast du Jesus auch gebeten, daß er dir religiöse Unruhe und das Aufwecken deines Gewissens ersparen möchte? Hast du ihn auch gebeten, daß er dich in Ruhe sündigen lassen möchte?

Ja, sagst du, genau das hast du getan, nicht nur einmal, sondern oft.

Daran zweifle ich nicht. Die meisten Leute tun das, wenn Jesus versucht, in ihr Leben zu kommen.

Doch höre! Jesus ist wieder hier und klopft an deine Herzenstür. Er läßt sich nicht durch deine Verachtung vertreiben. Du kannst seine Liebe nicht durch deinen Widerspruch erschöpfen.

»Stimmt das?« fragt jemand. »Dann kann ich nie verloren gehen! Dann gibt es keine Hölle! Das habe ich mir auch selbst schon gedacht! Wenn Gott so voller Liebe ist, wie der Prediger es sagt, dann kann er doch niemand in die Hölle stoßen!«

Gewiß, andere haben vor dir sicherlich auch so gedacht! Aber du hast etwas Wichtiges vergessen! Die Liebe Christi ist vollkommene Liebe. Er hat den Himmel um unseretwillen verlassen! Er ging in den Tod, um uns zu retten. Und *er* ist es, der sagt, daß es eine ewige Hölle gibt. Und er sagt darüber hinaus, daß die Liebe Gottes *diese* Tatsache nicht ändern kann.

Christus sagt, daß, weil er gestorben ist und uns errettet hat, niemand mehr zur Hölle gehen muß. Aber er sagt auch, daß der, der das Heil *abweist*, nicht an der Hölle vorbeikommt. Nicht einmal *er* kann verhindern, daß solche Seelen der ewigen Qual übergeben werden.

Sie gehen nicht zur Hölle, weil er aufgehört hat, sie zu lieben oder Mitleid mit ihnen zu haben, sondern sie selbst haben sich in solch einen geistlichen Zustand gebracht, daß sogar der allmächtige Gott hilflos ist und keine Möglichkeit mehr hat, sie zu retten.

Niemand kann die Gesetze, die das Seelenleben regieren, aufheben. Jeder, der immer wieder eine starke innere Überzeugung erlebt und ihr nicht folgen *will*, verliert zunehmend die Fähigkeit, sich überzeugen zu lassen. Und für Jesus gibt es nur einen Weg, Menschen zu retten, und das ist der, sie zu *überzeugen.*

Darum ist derjenige hoffnungslos verloren, der durch wiederholtes Verachten und Ablehnen des gnädigen Rufes Gottes zum Heil die Fähigkeit seiner Seele, sich überzeugen zu lassen, zerstört hat.

Und wenn du meinst, Gott sitze im Himmel und sehe mit Schadenfreude auf diejenigen hinab, die ihn verachten, dann irrst du dich gewaltig.

Wenn du wissen möchtest, was er empfindet, wenn er sie in ihrem hoffnungslos verlorenen Zustand sieht, dann lies den kleinen Bericht in Lukas 19,41–44!

Jesus kam zu der Stadt, die alle seine Heilsangebote abgewiesen hatte und darum reif war für das kommende Gericht. Und in einer prophetischen Schau sieht Jesus das Gericht, das nur wenige Jahre später die rebellische Stadt heimsuchen wird.

Und er weint.

So ist Gott. So handelt Liebe, wenn alle Versuche, die Geliebten zu retten, erschöpft sind.

Gottes rettende Liebe bedeutet für uns alle entweder ewiges *Heil* oder ewige *Verdammnis.*

Viele sprechen mit großem Gefühlsaufwand über den Ernst des *Todes.* Und das mit Recht. Der Tod ist eine sehr ernste Sache für uns alle. Aber ich wundere mich immer wieder, daß so wenige den Ernst des *Lebens* erkennen. Ohne Zweifel ist das Leben ein größeres Risiko als der Tod.

Aber wir haben einen Heiland, der uns von allen Gefahren des Lebens und des Todes befreit. Indem er uns die Sünden des Lebens vergibt, nimmt er dem Tod seinen Stachel.

Vom gleichen Verfasser erschienen:

Wie ich Christ wurde

128 Seiten, R. Brockhaus Taschenbuch Band 7

Der Verfasser gibt hier nicht nur mit klaren Worten Rechenschaft über seinen persönlichen Glauben, sondern zeigt auch zugleich ernsthaft suchenden Menschen den Weg zu Christus.
Eine Hilfe für jeden ehrlichen Zweifler, besonders auch für junge Menschen.

Vom Beten

128 Seiten, R. Brockhaus Taschenbuch Band 13

Das Wesen des Gebets – Die Schwierigkeiten des Betens – Gebetsarbeit – Der Kampf des Gebets – Mißbrauch des Gebets – Beten zur Ehre Gottes – Die Form des Gebets – Rätsel des Gebets – Die Schule des Betens – Der Geist des Gebets.

Dein Typ ist gefragt

96 Seiten, R. Brockhaus Taschenbuch Band 304

Keiner kann seinem eigenen Temperament entfliehen, sei er nun Sanguiniker oder Phlegmatiker, Choleriker oder Melanchoniker. Sollte man es überhaupt versuchen?

R. BROCKHAUS VERLAG WUPPERTAL